検証 築地移転

——汚染地でいいのか

築地移転を検証する会【編】

花伝社

目次

まえがき——築地に朝の陽がさすとき　築地移転を検証する会　4
まんが「築地市場が豊洲に移転して何が悪いの？」　ぼうごなつこ　7

序章　歴史と伝統と文化を受け継ぐ築地市場　12

Ⅰ部　築地市場移転問題　これまでの経緯

1章　鈴木都政の失敗　16
1　土建政治の象徴と現在地再整備　16
2　バブルに踊った湾岸開発——出遅れた行政主導の開発　17

2章　青島都政の無策　20
1　凍結するだけ？　20
2　陰でうごめきだした湾岸再開発　21

3章　石原都政の暴走　23
1　初めに築地の否定ありき　23
2　「官製地上げ」の恐ろしさ　24
3　既成事実を積み上げる包囲網　26
4　小泉改革の時限爆弾　27
5　コンクリート一筋の石原都政　28

Ⅱ部　本当に移転して大丈夫なのか——山積する未解決の問題

4章　史上最悪の土壌汚染　30

1 豊洲地区の埋め立て 30
2 東京ガスの工場で行われていたこと 31
3 東京都と東京ガスの不明朗な取引 35
4 残された汚染 36
5 汚染原因者に甘い日本の行政 38
6 米国系不動産業者の思惑 40
7 穴だらけの土壌汚染対策法 42
8 東京都による調査の真相（専門家会議） 44
9 東京都による調査の真相（技術会議） 51
10 世界に恥を晒した実証実験 54
11 残される問題点 56

5章 移転にからむ利権問題 59

1 ハコもの公共事業としての跡地再開発 59
2 ハコものに代わる公共事業としての汚染処理ビジネス 60
3 流通利権を推進する農林水産省 63
4 米系金融業者のための規制緩和 65
5 不動産の証券化で復活した開発利権 67
6 東京都自身の開発利権 69

6章 失われる日本の食文化 72

1 秘密研究会に見る業者への利益誘導行政 72
2 築地移転で私たちの生活の何が変わるのか 74
3 世界に誇る食文化の象徴としての「築地」 76
コラム 築地移転をめぐる裁判 80

あとがき 田中宏治 81
築地移転関連年表 i

まえがき——築地に朝の陽がさすとき

築地移転を検証する会

まだ陽が昇る遙か前の小暗いときから築地は動き出す。

小さなトラック、バイク、自転車、運搬用の車に乗って男たちが市場に向かう。勝どき橋ふもとの正門から中に入ると市場の建物が大きくそびえている。向かって左は隅田川だが、中に入ると、次々に長さ一・五メートル、工場のフォークリフトを思い出させるターレーと呼ばれる車が、あちらこちらから一斉に円の中心を目指すように走り出してくる。

立ったまま運転する男たちに東の方角から射し始めた陽の光が当たって、その顔が輝く。それはこの頃ではついぞ見かけたこともない真剣な表情だ。何かを思い詰めているような、一点に突き進んでいくような。

その張りつめた真剣さが激しく胸を打つ。

そうだ、ここは一〇〇〇万人の人々の命を預かる、勝負といってもよい取引の場所なのだ。

カランカラーンという、昔小・中学校でならされたような鐘が大きな音で打ち鳴らされると、四、五〇センチほどの小高い台の上に立った男が大きな声で何かを告げる。セリが始まったのだ。仲卸の人たちがその台を取り囲んで床に並んだ長さ一メートルから一メートル五〇センチほどで大木のような太さの胴をしたマグロを指さしながら、符丁で値付けをしていく。あっという間の瞬間的な取引で、数百万から一〇〇〇万円を超えるようなセリが次々と成立していく。それが終わると何十人かの仲卸の男たち、もう一〇年も二〇年も取引経験を持って仕事に生きがいと自信をもった表情の人たちが、静かに、見物の人たちには聞こえないような、ささやくような声で何か情報を交換し、時には肩をたたいて談笑を交わしている。

ピーンと張ったような、張りつめた冷気、巨大な体育館がそのまま冷蔵庫になったような場所だ。東京ドームの五倍にあたる築地には、世界各地の漁場からここをめざしてたくさんの種類の魚が運びこまれる。入荷された魚の新鮮さと味と脂ののりを見ては、卸しの値段がつけられてゆく。ここは危険をおかして魚をとる生産者とおいしくて安全な食べものを求める消費者をつなぐ大切な生鮮食料品の市場である。町の魚屋さんやスーパーや料亭、そして買い出しの籠を担いだ飲食店の親父さんたちがなじみの仲卸の店を廻ってはお客さんの口に入る食品を買い込んでいる。

この場を見捨てて鉛やヒ素やシアンやベンゼン、ベンゾピレンという汚染にまみれた猛毒の土地に移転しようとするのが、築地移転問題である。

なぜなのか。誰が得するのか。血と汗と涙で守ってきた築地が潰され、移転するとは一体何を意味するのか。

移転の構想が出てきたいきさつ、何のための移転か、汚染は大丈夫か、誰が利益を受けるのか（利権の構造）、東京都の汚染土地の購入に問題はないのか、このブックレットは客観的な資料に基づいた記述で人々に判断を託すものである。

不正義は巨大なほど見破りにくく、超大企業や公権力の連合は一見打ち負かすことができないほど強く見える。しかし、恐れることはない。隠された情報を読み解き、事実と理性を手掛かりに考えれば、真実は厚い壁を断ち割っておのずからあらわれる。人々が立ち上がれば大きな力に立ち向かうことができる。

東京都知事選の最中も、またその結果がいかなるものになるとしても、人々は命のために食の安全と食文化の維持を目指して真実に基づく一筋の道を選択しなければならない。このブックレットがそのような真摯なる選択のために役立つことを願って送り出したい。

7 まんが 「築地市場が豊洲に移転して何が悪いの？」

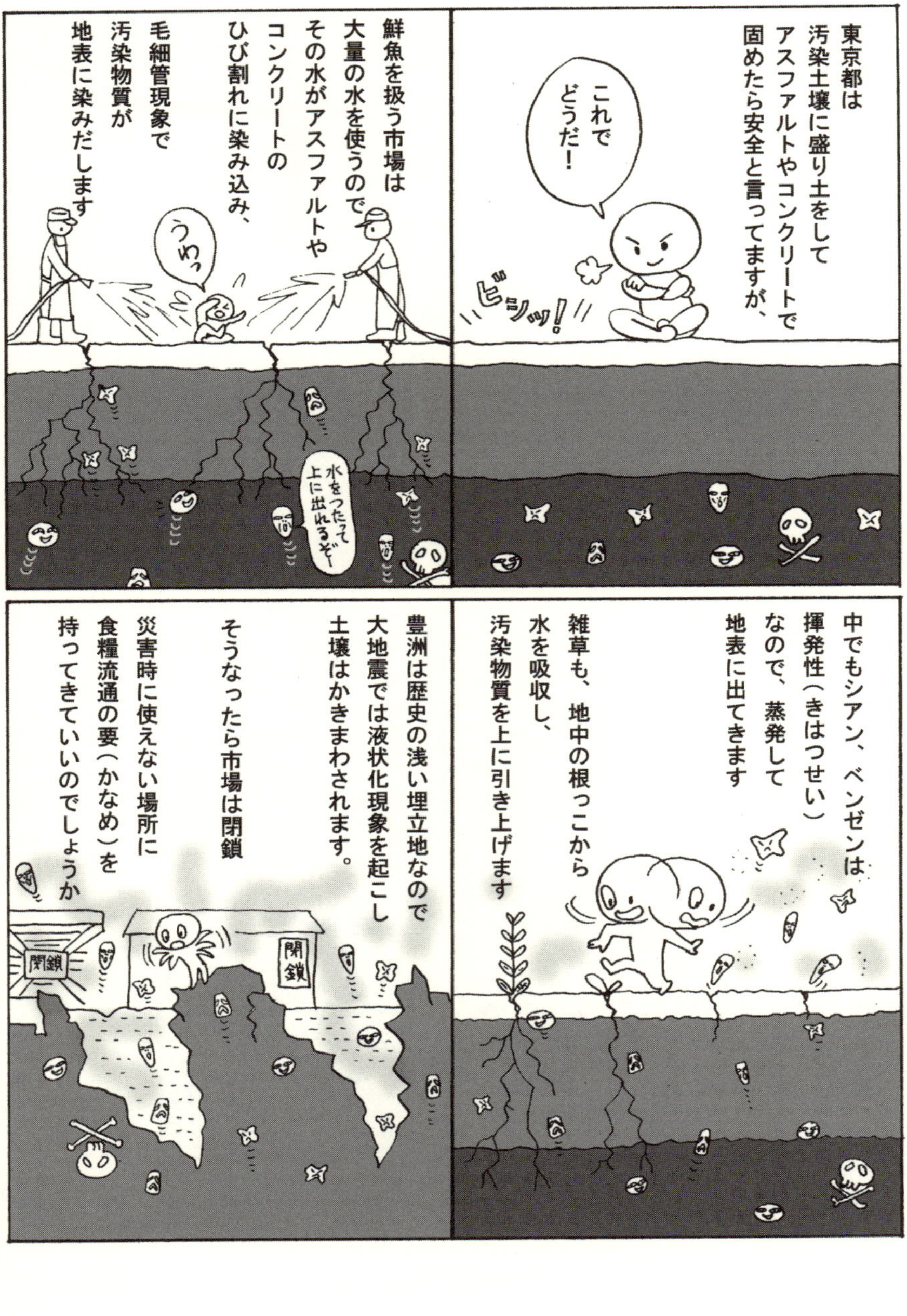

東京都は
汚染土壌に盛り土をして
アスファルトやコンクリートで
固めたら安全と言ってますが、
これでどうだ！
ビシッ！
鮮魚を扱う市場は
大量の水を使うので
その水がアスファルトや
コンクリートの
ひび割れに染み込み、
毛細管現象で
汚染物質が
地表に染みだします
うわっ
水をつたって上に出れるぞー
中でもシアン、ベンゼンは
揮発性（きはつせい）
なので、蒸発して
地表に出てきます
雑草も、地中の根っこから
水を吸収し、
汚染物質を上に引き上げます
豊洲は歴史の浅い埋立地なので
大地震では液状化現象を起こし
土壌はかきまわされます。
そうなったら市場は閉鎖
災害時に使えない場所に
食糧流通の要（かなめ）を
持ってきていいのでしょうか
閉鎖
閉鎖

でも、ちょっとぐらい毒が体に入ったってどってことないじゃん
大げさなんだよ
ビシッ
そう！その「ちょっとぐらい」がこわいんです！
もし、高濃度で急性なら原因と結果がわかるから、まだマシです
低濃度、微量の毒を長期間とって発症した場合、原因物質や因果関係がなかなか把握されません
水俣病やイタイイタイ病は、それを立証するために何年も何年も運動や裁判をやってきました
これだけ危険と問題が山積みの場所に、莫大な税金を使って市場を移転させていいのでしょうか？
築地で扱うのは魚だけではありません野菜、果物、卵・・・これらの食物が毒に汚染されて私たちの口に入り体に蓄積されていったら・・・

左が築地市場。勝どき、晴海をはさんで右が移転先とされる豊洲地区
写真提供：東京都港湾局

築地市場と豊洲市場予定地の位置関係

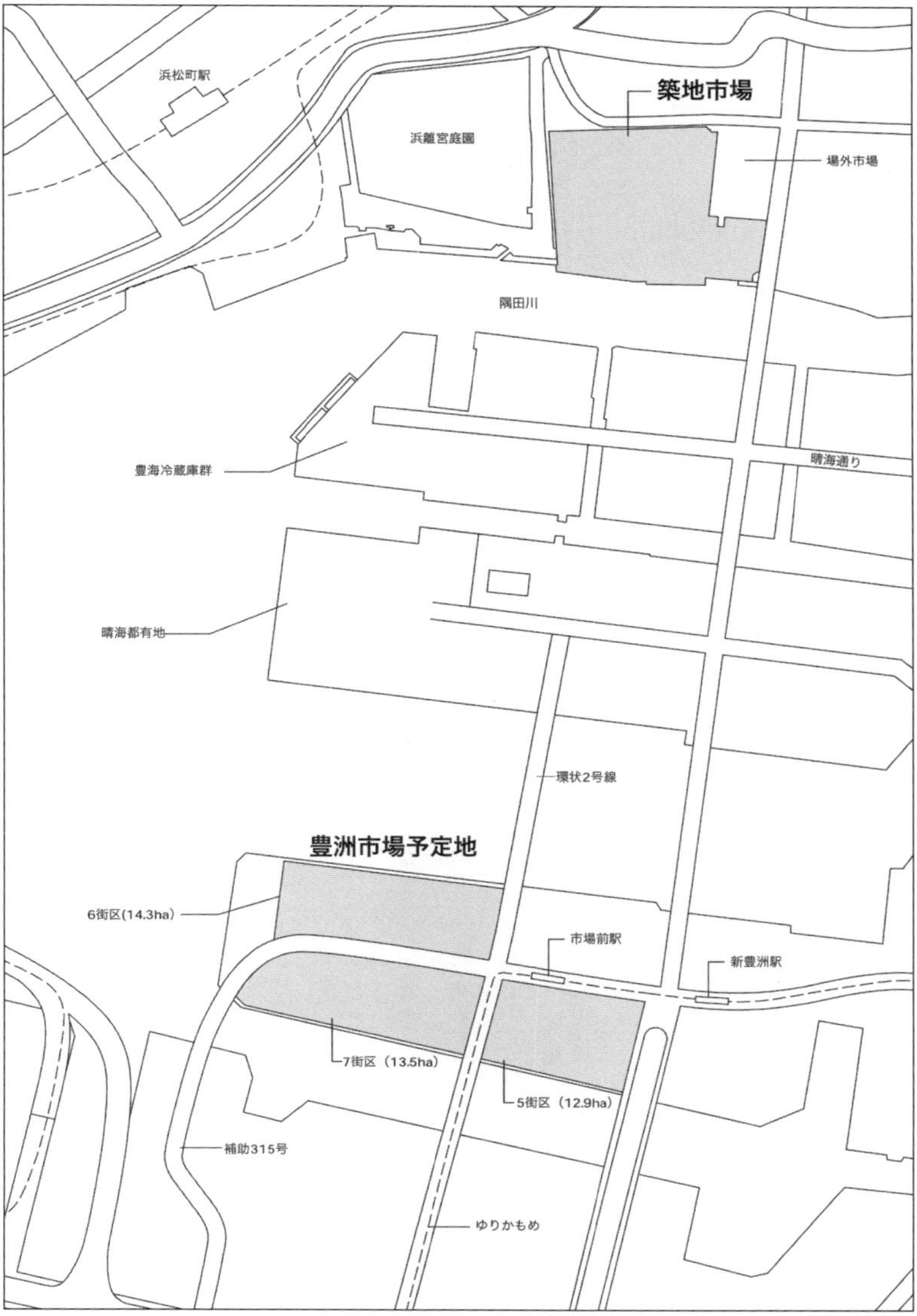

序章　歴史と伝統と文化を受け継ぐ築地市場

中央卸売市場の誕生

日本には、全国いたるところに「市（いち）」と名のつく町があります。四日市、五日市、十日市、廿日市……人の暮らしあるところ、必要なものを交換する「市」は常に必ず存在してきました。その歴史は貨幣の登場よりも古く、日本書紀にも市に関する記述があります。世界中どこに行っても、人の歴史のあるところ、市場は必ず人々の暮らしの一部として存在し続けてきました。

市場を国が管理し始めた歴史も、国家の誕生にまで遡ります。日本では大宝律令に「関市令」という国設市場の制度が定められています。民間の市場と国営の市場は人々の暮らしの一部として、人々とともにありました。

東京都中央卸売市場の資料によると、江戸時代、幕府は市場にはあまり干渉せず、基本的に自由放任のまま民間に委ねられていました。この江戸の市場に政府の統制が入るのは明治維新の後のことです。

維新による混乱で市場が一時的に衰退したため、東京府は対策として明治一〇年、「魚鳥並青物市場及問屋仲買営業例規並税則」を公布します。市場の数と場所を限定して、問屋・仲買業者の数も制限し、組合を作らせて免許料と府税を課しました。明治二九年には新たに「食品市場取締規則」が制定され、市場の監督権は警視庁に移管されます。

今日の築地市場につながる中央卸売市場を開設する「中央卸売市場法」は、大正一二年三月に制定されました。築地市場の前身である日本橋魚市場組合が、明治四四年に市場の拡張整備を求め、市営による総合市場の開設を貴族院と農商務省に請願したのがきっかけです。

大正元年には市場法の試案が検討されていましたが、第一次世界大戦によって日本が空前の好景気に見舞われ物価が高騰すると、全国で食糧暴動が発生、大正七年の末には、いわゆる米騒動に発展します。こうした暴動の元になる食糧価格の高騰を防止し、庶民の生活を安定させる目的で「公正な価格の決定と取引の明朗化」がはかられました。そのために導入されたのが、「せり売り」の原則です。

日本橋から築地へ

ところが、せっかく制定・公布された中央卸売市場法にもとづく公設市場の開設に着手した矢先の大正一二年九月、東京は関東大震災に見舞われてしまいます。震災からの復興を契機に東京を再整備する都市計画に従って、魚市場はまず築地に集約され、大正一三年には東京初の中央卸売市場として本格的な施設の建設が決定されます。

震災で壊滅的な被害を受けたとはいえ、江戸時代を通じて営々と営まれてきた日本橋の魚河岸を放棄することには業者の間に相当な抵抗があったと伝わります。日本橋は最も歴史が古く、規模も最大の魚市場だったのです。それだけに、築地に建設される新しい市場は、国を挙げたプロジェクトとして首都東京にふさわしい中央卸売市場が建設されていくことになりました。

文化遺産としての築地市場

一九八八年（昭和六三年）に中央区の教育委員会が、中央区の文化財として「建造物」としての築地市場を紹介した記事から、主な記述を引用します。

完成は昭和八年、我が国初めての中央卸売市場として、東京市（当時）によって施設されました。設計にあたっては、建築課長他数名を欧米に視察に向かわせ、ミラノやミュンヘンなど五か所の市場を参考にしたとあります。市場の中心をなすのは巨大なホールで、長さ四〇〇メートルにわたる巨大なカーブを描いた構造をしています。鉄骨造りのこの巨大なホールは、当時の日本はもちろん、世界でも類の無い最大の鉄骨建築物でした。また、関東大震災により壊滅的な被害を受けた東京の復興事業の一つとして建設された築地市場は、地盤の補強など震災に対する配慮も行き届いていていました。

本願寺に隣接する築地市場周辺は、空襲を免れ、都心部には希少な戦前の建物が数多く残されています。築地市場も戦災を免れ、建造当時の姿を今日に留める歴史的にも貴重な文化遺産となっています。

江戸から続く歴史と伝統と文化を受け継ぐ築地市場。これを破壊し、国内最大最悪の土壌汚染地に移転させることは、取り返しのつかない愚行、歴史と伝統と文化に対する自殺行為とすら言えるでしょう。

I 部

築地市場移転問題　これまでの経緯

1章　鈴木都政の失敗

1　土建政治の象徴と現在地再整備

「土建政治」――過去の遺物というには早過ぎて、未だに生々しく息づいている日本の政治の病弊に、建設業界と政治家・官僚たちとの過度の癒着と過大な利権構造があります。二〇〇九年の政権交代で掲げられた「コンクリートから人へ」のスローガンにあるとおり、人々の暮らしを豊かにするために使われるはずの税金が、役に立たない建造物や道路など巨大な公共事業に費やされ、納税者と受益者に大きなズレが生じていました。国に集まるお金の配分を巡る人々の不満が、あの政権交代を実現した原動力のひとつであったことは間違いないでしょう。

高度経済成長時代には、人口が増え生活水準が上昇する過程で、都市のインフラ整備の一環として道路や公共交通網、文化施設などの建設事業に多額の投資をすることが必要とされた時代もありました。しかしながら、低成長時代・停滞時代に移るにつれて、縮みゆくパイを奪い合う中で、これまでのようなお金の使い方が通用しなくなりつつあります。

高度成長末期～バブル期を担った鈴木都政（四期一六年、一九七九年～九五年）は、土建政治の象徴のような都政を行いました。その成果はそびえたつ都庁の建物やレインボーブリッジ、臨海開発など巨大公共事業の博覧会といった様相を呈していました。バブル景気に踊り、経済の発展に伴って自然に増える税収に支えられ、大胆な投資にも鷹揚になっていった挙句、バブル崩壊によって時宜を逸した巨大開発に失敗します。行政の内側に巨大な不採算事業と不良債権を抱え込んでしまったのです。

この鈴木都政の時代にも築地市場の移転問題は度々取りざたされ、大田市場への移転が検討されたこともあれば、再開発前のＪＲ汐留操車場跡地が移転先の候補に上ったこともありました。しかし鈴木都政の晩年、現在地での再整備が正式に決定され、一九九一年に着工、「現在地再整備起工祝賀会」なる華々しい催しまで開かれました。

総予算およそ二四〇〇億円のうち四〇〇億ほどはすでに執行され、立体駐車場や冷蔵庫棟など当時の現在地再整備計画に沿って完成した施設もあります。土建政治を象徴する知事をして壊すのをためらわせたほどの何かを、築地市場は備えているといえるでしょう。

2　バブルに踊った湾岸開発――出遅れた行政主導の開発

築地市場の再開発が始まった一九九一年当時は、未だバブルの余熱が冷めやらぬ中、次第に地価下落と不良債権の問題が頭をもたげてきた大きな時代の転換点でもありました。折しもソ連の崩壊によって冷戦が終わりをつげ、社会全体が平和の到来に浮かれ、規律が緩み始めた時期とも重なります。不要になった国防予算を民間に振り向ける「平和の配当」に期待を膨らませた時期でもありました。実際、米国の国防システムの一部として巨大なコンピュータシステムどうしを直結させていた高速通信回線網が民間に開放され、インターネットが誕生したのもこの時期です。

鈴木都政はこうした浮かれた世相に踊らされるかのように、東京湾の臨海地区を埋め立てて副都心として開発する巨大な開発事業を進めていました。民間企業に比べると、商機を逃さぬ機敏性に劣る行政の開発事業は、そのタイミングを失して破綻へと向かいつつあったのです。

一九七九年の就任当初から着手した臨海副都心計画でしたが、開発が始まったのは一〇年後の一九八九年です。バブル絶頂の時期に着工し、二七年の歳月を費やしてお台場、青海、有明地区総面積四四二ヘクタールを開発する大開発計画でした。

しかし、経済環境は急速に悪化し、開発計画は目論みが大きく外れていきました。一九八九年末まで続いた空前のバブル景気は、一九九〇年からの株価下落に象徴されるように変調を来たし始め、築地市場の再整備工事に着工した一九九一年には、すでに転換点を過ぎてバブル崩壊へと向かいつつありました。時代は、後に「空白の一〇年」と呼ばれる経済の停滞期へと移っていたのです。地価が右肩上がりの上昇を続けた過去の幻想に囚われて、痛みを伴う不良債権の処理を凍結・先送りし、地価の回復を待つという無為無策の時間稼ぎ政策は、さらなる地価の下落によって開発計画をいっそう困難な事業へと追いやっていきました。

東京都は、地価が下がっても思うように土地が売れず、開発費を回収できないどころか、財源を失って返し損ねた借金と、利息によって膨れ上がる赤字とを抱え込んでしまいました。進出する企業が無ければ、土地は売れず地価も上がりません。当て込んだ固定資産税も入りません。構造赤字を抱えた都財政の立て直しは避けては通れぬ深刻な課題となっていきました。

臨海地区への民間企業の招致が思うように進まぬ東京都は、地価を上げるため、自ら臨海地区で様々な事業を起こす強行策に乗り出します。すでにバブルは崩壊したというのに、世界都市博覧会を開いて臨海地区を活性化させようと無謀な計画を進めたのです。これは世論の激しい批判を浴びるとともに、長期政権の弊害として鈴木都政に批判的な青島都政の誕生へと繋がっていきます。

バブルに踊り、土地開発事業に乗り出して経営を悪化させたのは民間企業だけではなかったのです。むしろ民間企業に比べて経営の機動性に劣る行政のほうが対応は後手に回り、失敗を繰り返した挙句に、問題を隠ぺいして先送りしたり、さらなる開発を上乗せして傷を深める無責任な事業によって病巣を膨らませていたのです。

この臨海開発の失敗を穴埋めするための財源として、築地市場が標的にされるなどということを、当時の誰が想像できたでしょう。

2章　青島都政の無策

1　凍結するだけ？

鈴木都政の後を受けた青島都政（一期四年、一九九五〜九九年）は、バブル崩壊で財政が急速に悪化していく中、臨海地区の開発失敗を糊塗する強行策として企画された都市博覧会を中止します。しかし、開発の失敗を埋める代替策はありませんでした。残された膨大な借金と、利息で膨れ上がる赤字や事業の失敗でさらに積み重なる赤字を垂れ流し、いよいよ財政がひっ迫していきます。築地市場の再整備は、こうした東京都の財政悪化の余波を受け、次第に工事が停滞し、ついには中断に追い込まれました。

無謀な取り繕い策を止めるだけでは、失敗した臨海開発の穴は埋められなかったのです。

現在地での築地市場再整備を、「すでに失敗した試みで実現不可能」と主張する東京都は、その原因を市場内部の業者間の利害対立や、操業を続けながら工事を進める複雑な工法に伴う工期の長期化にあると主張しています。

反面で、現在地での再整備を求める市場内の仲卸業者らは、「前回の再整備事業が中断に追い込まれたのは、再整備の途中で東京都が無理な条件を持ち出し、工事が続行できなくなったせいだ」と主張しています。

当時、東京都中央卸売市場の市場長だった番所氏に対して、ジャーナリストの永尾氏が取材したやりとりからは、財政難の中、物価の上昇によって当初予算の倍以上に膨れ上がったことが工事が中断した要因と解するほうが自然に見えます。中断した築地市場再整備について食い違う双方の言い分の背景を探ってみましょう。

2　陰でうごめきだした湾岸再開発

開発計画が大きく狂ってしまった臨海地区には、東京都の関連団体が続々と進出しましたが、広大な開発地を埋め尽くすことはできませんでした。臨海地区の開発失敗は、出血の止まらぬ悪性腫瘍のように東京都の財政を蝕み続けます。この青島都政の頃から、水面下で再び築地市場の臨海地区への移転が取りざたされるようになっていきます。

国全体でみれば少子高齢化が進み、将来的な人口の減少が避けられない情勢でしたが、東京都は経済の一極集中によって全国から若者が流入し続けており、まだしばらくは人口が増え続ける可能性がありました。さらに、経済のグローバル化が進むにつれて、金融や物流の拠点を国どうしが競い合う国際的なインフラ整備競争も始まり、臨海地区を再開発する大義名分が次第に整えられていきました。

また、折から冷戦崩壊によって国際的な経済競争に本格参入した中国が、安い人件費を武器に製造業の工場を集め、〝世界の工場〟として大発展を遂げつつありました。日本国内に工場を持つ製造業各社も工場の中国移転を進め、臨海工業地区からは工業施設がどんどん撤去されていきました。産業空洞化です。

世界的な産業の再編成が進む中、開発失敗に産業空洞化の追い打ちを受け荒廃した東京湾の臨海地区を立て直すために、東京都は工業地域だった臨海地区を住宅・商業地区に方向転換し、再開発する計画を練り始めます。倉庫街だった晴海地区にはオフィスビルや高層マンションが建設され、鉄道や地下鉄、新都市交通システムなどが整備されていきました。

隣接する豊洲地区には、東京都の他に東京電力、東京ガスという東京都の生活インフラを担う公益企業が地主に揃い、東京都と密接な関係にある少数特定の巨大独占企業と東京都だけで巨大な区画整理事業が動き出します。

しかし、臨海地区はもともと、巨大都市・東京から排出される膨大な産業廃棄物やごみを処分するために埋め立てられてきた土地です。高度成長期に埋め立てられた地区の下には、調査もされていない汚染物質が埋まっており、環境汚染の問題が潜在します。地震に弱い埋め立て地の軟弱地盤に潜む汚染問題は、商業・住宅地として再開発するにあたって避けて通ることのできない重大な行政課題だったのです。

3章　石原都政の暴走

1　初めに築地の否定ありき

築地移転問題から見えてきた都知事の絶大な権限には三つの側面があります。一つは環境行政を司る許認可官庁としての東京都。もう一つは不動産開発業者としての東京都。そして最後が中央卸売市場の開設者としての東京都です。築地市場の移転問題をわかりにくくしている原因の一つが、利害相反する複数の顔を併せ持つ東京都の自己矛盾的な立場にあります。

石原知事は就任するや築地市場を訪れ、「狭い、汚い、危ない」などと自身が管理責任を負う市場に対してまるで他人事のように悪口雑言を浴びせ、移転するしかないと一方的に宣告しました。現在地での再整備を中断したのは東京都のせいではなく、市場の中にいる業者たちが身勝手な主張を繰り返して再整備の工事が進まなかったせいだということにすれば、この暴言にもそれなりの説明がつきます。

しかし、鈴木都政、青島都政の時代を顧みた際に見えてきたように、築地市場の現在地再整備が中断された背景に東京都の財政事情があったことは否定できません。同様の現在地再整備計画を最後までやり遂げた大阪市場の例と比べても、東京都の言い分は説得力を欠きます。開設者の立場から見た築地移転は、危ないだの汚いだのという口実そのものが、まさに自らが管理責任を怠り手抜きをしていましたと宣言しているようなものです。

狭いというのも口実として無理があります。経済の停滞や規制緩和によって市場を経由する品物の数量は一貫して減り続けているからです。中で働く業者の数も減ってきており、むしろ市場の混雑は緩和され続けているのです。石原都政三期一二年にわたって強引に推進されてきた築地市場の移転問題は、そもそもの始めから不条理で、事実に反する石原知事の暴言に基づく、きわめて胡散臭い問題であったと言えるでしょう。

むしろ、石原知事の登場と前後して成立した小泉政権が推進した規制緩和によって、米国の不動産金融業者が日本に進出し引き起こした世界的な不動産バブルの一環としての再開発バブル再来により、二兆円ともいわれた築地市場跡地を巡る再開発利権が強引な移転を推進する背景と疑われるようになりました。東京都は開発業者としての立場から見ると、築地市場を移転させて跡地を再開発することで莫大な利益を貪れるのです。

2 「官製地上げ」の恐ろしさ

小泉改革は築地市場の移転問題を取り巻く規制緩和の問題に繋がっていきます。米国の都合で日本を改造する構造改革要望書は、小泉政権時代には〝成長のための日米経済パートナーシップ〟という美辞麗句で飾られていました。その実現にあたっては、政府間の協議にとどまらず、並行して「日米官民会議」なる財界を交えた協議が行われ、まさに政官財を挙げた日本の米国化が推進されました。

当時のブッシュ政権は、経済政策を取り仕切る財務長官にゴールドマンサックスの前会長が就任し、露骨な利益誘導政治に邁進していました。かつて大恐慌を引き起こした金融機関の暴走やモラルハザードを繰り返させないようにと、その反省から制定されてきた規制の数々を片端から取り払い、やりたい放題の経営ができる環境を築き上げると同時に、日本でも自分たちが好き勝手に振る舞えるように規制緩和を求めてきたのです。

官民会議で交渉にあたった米国側の議長もゴールドマンサックスの社長なら、受け手側の日本で窓口になった総合規制改革会議（オリックス宮内会長が議長）にもゴールドマンサックス日本法人の上級役員が名を連ねるという具合で、日米の政府と財界に身内を送り込み、やりたい放題の日本改造を推し進めました。

二〇〇二年から始まったこの会議を通じて、教育、医療、福祉、農業の四分野を「官製市場」と名付け、これらの全面的な民間開放（民営化）が提言されます。農水省を通じて卸売市場の整備計画に反映されたこれら改革の影響は、卸売市場を米国の商品取引所のような、株式や先物取引市場と同じ賭博場へと変貌させようとするものでした。市場は民営化し、セリは潰し、仲卸業者は淘汰し、取引は電子化し、商物一致原則（値段をつけるにあたって品物を確認する）は撤廃され、画面を見ながら一日中「売った」「買った」と値ざや稼ぎに明け暮れる市場を目指すことになったのです。

日本の卸売市場の歴史も伝統も文化も、何も知らぬ米国の金融業者の欲に任せた要求が素通りしていた当時の異様さが漏れ伝わります。「公正な価格形成と取引の明朗化」を目的に採用されたセリを破壊して、密室取引である相対取引に〝規制緩和〟することは、卸売市場を明治以前の無秩序状態に先祖がえりさせ、不正行為の横行する無法地帯を作り出すにも等しい行為です。

　この米国金融業者の思惑は、かねてセリを目障りな障害と見做してきたスーパー業界の利害とも一致し、セリの縮小と仲卸業者に対する経営圧迫は〝政策〟として進められるようになりました。市場を通さずに流通させる市場外取引を拡大し、市場に入ってきてもセリを通さずに売りさばく相対取引や先取りを横行させ、セリを通して買い付ける仲卸業者を制度的に干上がらせ淘汰していくさまは、まさに地上げそのものです。

3　既成事実を積み上げる包囲網

石原知事が一方的に宣告して始まった築地市場の豊洲東京ガス工場跡地への移転は、市場で働く人々の意向とは無関係に着々と準備が進められていきました。

　二〇〇五年四月には、無人の荒野と化していた豊洲の東京ガス工場跡地に、周囲にまだ何も建物すらない状態のままで市場前駅を建設すると決め、二〇〇六年三月開業してしまいました。東京都や東京ガスの工事関係者など一日平均二〇人ほどしか利用客のない過疎の駅が、都心のど真ん中に建設されてしまったのです。

　二〇〇七年九月には、都市計画審議会で、築地市場の地下を通過する計画だった環状二号線道路を地上に変更、築地市場を分断して幹線道路を引き入れる計画に変更してしまいます。本来ならば、移転が完了してから整備が始まるはずの周辺事業が、用地の取得も済まない先から続々と決定され、あるいは着工されていくのです。都知事自ら、都民の血税を投じて既成事実を積み上げ、市場で働く人々を追い詰めていったのです。

4　小泉改革の時限爆弾

二〇〇四年に国会で議決された卸売市場法の改正が、二〇〇九年になって発効しました。小泉政権時代に仕込まれた時限爆弾のような法改正の一つが、官製地上げに苦しむ仲卸業者をさらに一層疲弊させることになります。委託手数料の自由化は値下げ競争を促し、卸と仲卸の境界を撤廃する相互乗り入れは、圧倒的に規模の小さい仲卸業者に不利に働き、さらに淘汰を加速させました。

これまでセリで買い付けていた中小零細の仲卸業者に、産地で買い付けてもよいと言ったところで、築地を離れて各地の港まで買い出しに行けるわけもありません。しかし、全国の産地から委託された魚をセリにかけてきた卸の業者に、仲卸から買っていた顧客に直接販売してよいと言えば、その場で売ることができるのです。まさしくセリ潰し、卸売市場の機能破壊を法律によって推し進めたのが小泉改革でした。

法案が議決された当初は騒がれずこっそりと既成事実が作られて、周知徹底のための努力はなぜかきわめてつつましやかに行われ、気が付くと突然、世界が変わるような法律が発効したのです。市場の開設主体である地方自治体は、制度の運用を加減することにより市場で働く業者を保護することもできますが、石原都政は小泉改革と一体となって市場の破壊を推進しています。

5　コンクリート一筋の石原都政

強引な築地市場の豊洲東京ガス工場跡地への移転に象徴されるように、石原都政の特徴はコンクリート一筋です。都市再生を掲げた羽田空港の拡張や東京外環道、都心や臨海部の再開発など、数え上げたらきりがありません。

鹿島建設との特別な関係を取りざたされる石原都政は、都市計画の専門家に「ゼネコンが都市計画を自分で東京都に持ち込み、都市そのものをビジネスにする」と言わしめる土建王国です。無計画な開発により臨海部に高層ビル群が乱立した結果、海風が遮られてヒートアイランド現象が悪化し局地的な集中豪雨が頻発するなど、環境破壊も進む一方です。

東京ガスの工場跡地がある江東区豊洲地区も、内陸側にはすでに高層マンションが林立しています。かつて工場が立ち並んでいた工業地帯を再開発したものですが、学校や病院などの生活インフラが整わぬまま、マンションばかりが立ち並び、東京都の無軌道無計画ぶりを示しています。地下鉄有楽町線の通る五丁目までの街区は、すでに住宅・商業地として開発が進み新興住宅地として街が形作られつつありますが、築地市場の移転候補地とされる六丁目、東京ガス工場跡地には新都市交通（通称ゆりかもめ）と幹線道路が延びているだけです。

銀座からも歩いて行けて、日比谷線・大江戸線の駅も揃い、交通の便が良い築地に比べ、アクセスの悪さは隠しようもありません。仕込みの時間に追われながら買い出しに来る飲食店の板前さんや魚屋さんにとって、築地からの二キロは、限りなく遠い二キロになると感じます。

II部

本当に移転して大丈夫なのか
——山積する未解決の問題

4章　史上最悪の土壌汚染

1　豊洲地区の埋め立て

築地市場の移転予定先とされる豊洲地区は、元々はその大半が海面下にあった埋め立て地です。東京の発展・都市化とともに次第に埋め立てられ造成が進みました。東京都が開示した地盤の解説資料によると、豊洲地区は戦前のごみ処理場と浚渫《しゅんせつ》土などによる戦後の公海面埋め立て地によって構成されています。とりわけポンプを使った浚渫では、荒川や隅田川の川底を浚渫した汚泥が使用されたとの指摘もあります。

ごみや川底の汚泥などで構成される埋立てに使用された土を「健全土」と主張し、工場の操業に由来する以外の汚染状況を調べようとしない東京都の言い分には、相当な無理があると言わざるを得ません。

東京ガスの都市ガス製造工場を建設するための浚渫は、昭和二九年〜三〇年にポンプ浚渫により約三五万平方メートル、三四年〜三七年に拡張してポンプ浚渫及び陸上運搬により約一五万平方メートルが埋立て・造成されました。日本が高度成長期にさしかかる時期であり、周辺には工場が立ち並び、しかも環境汚染などまだ社会問題になる以前のことです。汚染物質に対する配慮は、今日とかけ離れた緩い管理の下にありました。このような土地の上で、昭和三一年から六三年まで、約三二年間にわたって都市ガスが製造されていたのです。

2　東京ガスの工場で行われていたこと

平成一四年六月に東京ガスが東京都に提出した「土地利用の履歴等調査届出書」によると、昭和三一年〜五一年までは石炭からガスを製造しており、その精製過程において、触媒としてヒ素化合物を一部使用するとともに製造精製過程においてベンゼン、シアン化合物が副産物として生成されていたことが報告されています。

ヒ素化合物は、触媒として現在の五街区で使用されていたことが報告されており、東京都の調査でも、広範囲にわたって環境基準を超えるヒ素化合物による汚染が見つかっています。ヒ素およびヒ素化合物は、和歌山カレー事件や森永ミルク中毒事件で致死性の毒物として有名になりました。ＷＨＯ（世界保健機構）の下部機関であるＩＡＲＣ（国際がん研究機関）から発がん性を指摘されているうえ、人体に非常に有害であることがわかっています。この広範囲に検出されたヒ素汚染については、東京都は環境基準の一〇倍以下は「操業由来ではない」と主張し、対策を講じていません。

都市ガスの製造過程では、ベンゼン、シアン化合物などが副産物として生成され、これらは廃棄物として、現在の六街区にあった沈殿池を経て排水されていました。〝協力会社〟に委託されていた廃棄物の扱いは、むき出しの地面の上でコールタールを銭湯向けの焚きつけに加工するなど、きわめて

東京ガスのガス製造工場が操業していたころの豊洲
出典：東京みなと館

石炭ガスの製造プロセス

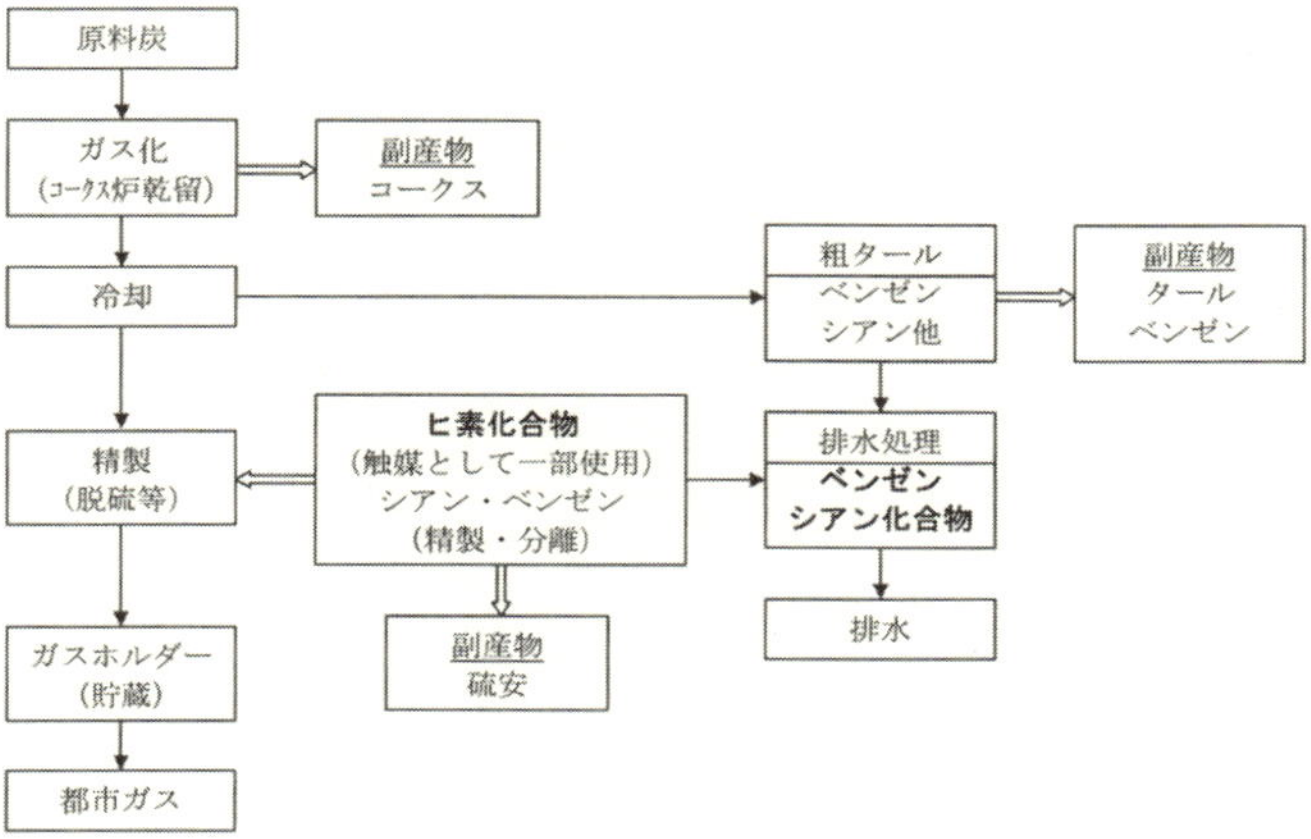

資料：「土地利用の履歴等調査届出書」（平成 14 年 6 月　東京ガス株式会社）

ずさんな管理が行われていた状況が伝わる証言もあります。

発ガン性と催奇性

ベンゼンはヒ素同様にＩＡＲＣから発がん性を指摘されているうえ、水溶性でしかも常温で気化します。ベンゼンは最も単純な構造の芳香族炭化水素であり、水に溶けたり日光に晒される環境に置かれるだけで様々な化合物へと化学変化します。その中には、後にきわめて高濃度の汚染が発覚したベンゾ（ａ）ピレンのように、強い発がん性や催奇性（胎児に奇形を生じさせる）を伴う猛毒物質も含まれます。

欧米の環境基準に従えば、このような派生する危険性の高い毒物も調査の対象になりますが、日本の現行の土壌汚染対策法は、指定されている毒物の種類がきわめて狭く限定されており、法の網から漏れる汚染物質について、実態を把握することができません。

東京都は「法律に則って適正に」作業を進めるため、こうした派生毒物に対する調査・対策を行おうとしません。わずかに専門家会議で指摘のあったベンゾ（ａ）ピレンのみ、非常に限定された範囲で調査しましたが、そこでこれまでに見つかった最高値の一〇〇倍を超える高濃度のベンゾ（ａ）ピレンによる汚染が検出されながら、専門家会議に報告していなかったことが朝日新聞により暴露されました。

「青酸カリ」に緩い基準

シアンは致死性の猛毒物質です。ザル法と揶揄される日本の土壌汚染対策法ですら、アルキル水銀や有機りん、ＰＣＢと並んで検出されてはならないとされる最も危険な毒物です。高濃度のシアン化合物を口から摂取すると即死することから自殺に用いられることもあり、青酸カリの名称で知られています。気化した化合物はナチスドイツがユダヤ人の虐殺に用いた青酸ガスなど、殺人兵器として用いられることでも知られています。

死にいたる猛毒の物質として、タテマエでは厳しい規制が課せられている物質でありながら、実際には金属メッキ工場などで広く使われてきたことから、シアン化合物による汚染は全国的に広く潜在している可能性があり、法令よりも検出基準を緩めた弾力的な運用が行われてきた疑いがあります。東京都でも検出されてはならないとされる限界値を、水道法に定める〇・〇一mg／Ｌではなく、工場排水基準の〇・一mg／Ｌに緩めて調査しています。

しかも、シアン以外の「検出されてはならない」汚染物質の検出限界値は、科学技術の進歩とともにより精度の高い数値に改訂されて厳格に運用され、検出限界値は一〇〇万分の一、一〇〇〇万分の一単位になってきているというのに、シアンだけは過去半世紀以上にわたり法に定める検出限界値が当初のまま改訂されていません。東京都立衛生研究所の研究報告などにみられる現在の科学技術水準で検出できる限界値と比較すると、東京都の公表したシアンの汚染状況は検出限界地値に対して一〇〇万倍、一〇〇〇万倍矮小化されている疑いすらあります。

ベンゼン、シアンによる汚染は操業時の副産物として廃棄されてきた、隠しようのない汚染物質です。しかし、汚染物質の種類を東京ガスによる自己申告の範囲だけの調査に限定することは、調査の客観性、中立性を欠きます。石炭と並行して石油やナフサを用いた施設も操業していた結果、土壌からは高濃度の油分も検出されています。元々の土地の履歴からは、他の様々な工業廃棄物汚染も懸念されます。

3　東京都と東京ガスの不明朗な取引

石原知事が誕生した一九九九年（平成一一年）、築地市場に対して一方的な「旧い、狭い、危ない」という宣告が行われた後、石原知事側から東京ガスに対し、所有する豊洲工場跡地を築地市場の移転候補地として購入しようとの働きかけが始まりました。

しかし東京ガスは当初、売却をはっきりと断っていました。知事側の再三の申し入れに対し、東京ガスは汚染があることを公表して、「市場にはふさわしくない」という主張まで行っています。元々の土地所有者が土壌汚染の存在を理由に、生鮮食品の市場には適さないと明言した土地を、東京都（石原知事）は購入することにこだわり続け、交渉を重ねた挙句に、買収合意にまでこぎつけたのです。

交渉にあたったのは知事の腹心、浜渦武生副知事と伝えられています。情報開示請求によって入手した交渉過程の資料には、黒く塗りつぶされた非開示部分が多く、交渉の内容や経緯には疑問の多い個所がたくさんあります。それでも開示された内容を時系列に追っていくだけで、東京都が売却を渋る東京ガスを強引に追い詰めていった経緯が読みとれます。

二〇〇〇年（平成一二年）六月に東京ガスが東京都に送付した文書には、豊洲工場跡地は東京ガス自身が独自に汚染対策を施し再開発する計画が示されています。それに対し、翌年一転して売却に合意する過程では、約六〇〇億円と見込まれていた防潮護岸の整備経費を区画整理事業の事業費から除外し、都の公共事業として東京ガスの負担を免除するなど、莫大な利益供与を疑わせるやりとりも記されています。

豊洲地区は東京都が主体となり、土地を所有する東京電力、東京ガスらと共に区画整理事業を行っています。密室協議の作品ともいうべきこの区画整理事業を通じて、東京ガスは自らの所有する工場跡地を、東京都の所有する地下鉄有楽町線の豊洲駅に近い土地と（汚染が除去されたという前提に基づいて）換地（土地を交換）し、住宅・商業地としての再開発により好適な土地を入手しています。

その後の調査で続々と判明した甚大な汚染を考慮すれば、換地の際の評価で工場跡地は値段が付けられないほどの安値になる可能性がありました。これを汚染なしとする評価のまま交換したことも、東京ガスへの利益供与に繋がる疑いがもたれています。

これら一連の取引の経緯からは、東京都は自治体としての公的責任を果たさず、あるべき価格より高額であっても、豊洲の工場跡地を入手しようと交渉を進めてきた様子が明らかになりつつあります。

4　残された汚染

二〇〇一年（平成一三年）に交わされた一連の合意によって、東京都は東京ガスから豊洲ガス工場跡地を購入する際の汚染処理手続きを決定します。二〇〇二年に明らかにされていた汚染状況は、ベンゼンが環境基準の一五〇〇倍、シアンが四九〇倍などです。環境基準を超えた有害物質にはヒ素、水銀、鉛、六価クロムなども含まれていました。

東京都は東京ガスによる汚染の公表を受けて、東京ガスによる調査・対策・報告のみで汚染は除去されるという前提に基づいて、汚染地に生鮮食品市場を建設する決定を下したのです。

折しも世間では環境汚染への関心が高まりを見せ、国会で土壌汚染問題が取り上げられて、土壌汚染対策法が施行されようとしている矢先のことでした。まさに規制が厳しくなる前の駆け込みとも取られかねないタイミングでした。実際に汚染対策を完了し土地が売買された二〇〇六年は、土壌汚染対策法が施行された後のことでした。しかし東京都は「経過措置」として、土壌汚染対策法施行前の緩い基準による汚染調査と対策だけで汚染処理を完了したと認定しました。汚染が残ることを知りながら、汚染はなくなったとの評価で土地を購入したのです。

「汚染除去」ではない汚染処理

実際には、汚染対策完了後に記載された東京ガスの報告書にも、残された汚染に関する状況が記されています。土壌汚染対策法以前の都条例も、汚染を除去することを定めた法律にはなっておらず、汚染の上に土をかぶせて〝臭いものに蓋〟をしただけで対策と認める「ザル法」です。

調査方法もきわめてずさんです。縦横三〇メートル四方の広さの土地に対して、中央にわずか数センチの穴を一つあけて標本を採取します。掘り下げるのは浅いところで三メートル、深いところでも最大で八メートルしか調べていません。

土壌汚染対策法にもとづく調査では、縦横一〇メートル四方に一か所の調査が行われます。旧法による東京ガス調査より九倍は詳細な網目で調査し、深さも一〇メートルまで調査します（これも決して十分ではありませんが）。

実際の処理内容を見てみましょう。処理した汚染は土壌に関して環境基準の一〇倍を超えるものだけで、一〇倍以下の汚染は深さ二メートルまでの分だけ対策を施し、その上に二・五メートルの盛り土を施すことで済ませています。八メートルより地下深くには汚染を残したまま、調査もできていません。

もともとの対策方針が汚染を除去する目的ではありませんから、汚染がなくなるわけもありません。東京都は汚染がなくならないことを知りながら「汚染は処理された」というレトリックを用いて、あたかも汚染がなくなったかのごとくに振る舞い、手続きを進めてきたのです。

二〇〇二年（平成一四年）に制定された土壌汚染対策法についても、周知のための経過期間を経て二〇〇三年に実際に施行される過程で、意図的ともとれる工作が明らかになっています。国会で法案を審議している時には含まれていなかった附則が、施行までの間に環境省によって付加され、その第三条には、この法案が施行される前に操業を停止した工場に対する法の適用を除外する例外条項が盛り込まれていたのです。

事実上、法施行前に操業を停止したすべての工場跡地を対象外としてしまう、法の趣旨を骨抜きにする法改変であり、衆議院で民主党の川内博議員から追及を受けた環境省は、東京都と協議して「政策的に」付加したことを認める答弁をしました。東京都が豊洲の東京ガス工場跡地を法の適用から除外させるために工作していたことが露呈したのです。

5　汚染原因者に甘い日本の行政

二〇〇二年に制定された土壌汚染対策法は、自民・公明が与党であった小泉政権下で審議されました。その性格を一言で表現するならば、汚染の被害を受ける国民ではなく、汚染を発生させた企業を保護するための法律かと疑わせる、汚染者に有利なザル法です。汚染が発覚した後で、表面を糊塗するだけの対策を施せばよいと定めているに過ぎません。

日本環境学会の畑前会長が参議院の環境委員会で指摘した問題点の中から主要なものを挙げてみても、事後的な対策法であり未然防止の視点が抜けている点や、地下水汚染を防止する視点が欠けている点など、法の根幹部分に問題があることが指摘されています。

しかも、汚染の調査・対策を汚染の原因者ばかりではなく土地所有者にも義務付けており、大規模な汚染を発生させる原因者（＝大企業）は様々な規制によって追及を免れています。汚染を調査できるのは環境省の指定する機関だけであり、大学の研究者や民間の研究機関が調査しても法的な効力を持ちません。その調査すら都道府県知事だけが命令権を有し、市区町村の首長には調査を命ずる権限がありません。

実際に汚染被害に遭う住民は、開示資料を閲覧する以外に汚染問題に取り組む手だてがなく、米国のような住民参加による汚染調査や対策の協議は認められていません。汚染者からの内部告発を保護する規定もなく、法に違反した場合の罰則も一〇〇万円以下の罰金と、大企業や巨大な行政組織にとってはほとんど効力を持たない形だけの罰則しかありません。

徹底した情報隠ぺいと情報封鎖

東京都はこれら土壌汚染対策法の問題点を如何なく活用し、住民や研究者が豊洲の汚染を調べようとするのを拒み、中立的な第三者による検証も許さず、徹底して密室の中で汚染調査・対策を進め、極めて限定された東京都に都合のよい情報しか公表してきませんでした。

行政が意図的に隠しだてをしながら進めている事業の実態を明らかにしていくことは、容易なことではありません。手間ひまが膨大にかかるわりに報道できるような発見は少なく、しかも行政や企業から有形無形の様々な圧力にさらされる覚悟が必要です。

昨今では調査報道はメディアも容易には取り組まず、少数の担当者が限られたテーマについて行っているに過ぎません。しかも記者クラブ制度を通じて日常的に撒き散らされる行政側に都合の良い情報ばかりをちりばめた〝大本営発表〟のような情報の洪水に埋もれて、稀に報道される貴重な暴露記事や調査報道はなかなか一般に広まりません。

住民が自ら情報開示請求をして調査にあたるにしても、毎回、法外なコピー代金を支払い、開示された資料の山を一枚一枚調べ上げていってようやく、隠ぺいされてきた汚染の実態や、議会やメディアを通じて公表されてきたウソを見つけることができます。

営々と積み上げた努力の結果をもとに住民監査請求や行政訴訟を起こして、広く一般に周知しようと記者クラブに会見を申し込んでも、都庁の記者クラブでは会見を断られることも少なくありません。警察署長から天下りした東京都の監査委員は、住民の監査請求をことごとく却下し大半は受理すらしません。

東京都によって徹底した隠ぺいと情報封鎖が貫かれてきたことが、豊洲の東京ガス工場跡地の汚染をここまでごまかしとおせた原因と言っても過言ではないでしょう。

6　米国系不動産業者の思惑

土壌汚染対策法の改正を巡っては、背後で利害関係を有する様々な業界の思惑が働いたことを見逃すことはできません。なかでも、新たに日本市場に進出してきた米国系の不動産金融業者による影響は、土壌汚染を不動産の流動化を阻害する要因として正確に把握し対処することを求める圧力として、汚染問題への取り組みに先行する米国の対処方式を一部日本に導入する方向で作用しました。

一九九〇年代を通じて、日本ではバブル崩壊後の地価下落によって、担保にしていた土地の価値が大きく値下がりし、不動産開発への融資を回収できなくなる不良債権問題が深刻化していました。その対策として、不動産向けの融資を証券化（不動産担保貸付債権を証券として売買）する手法によって不動産市場の流動性を高めるとともに、こうした手法による取引に長けた米系外資の不動産市場への参入が進みました。商業ビルや賃貸マンションなど、開発した不動産物件の所有権を有価証券にして細分化し、賃貸収入を配当とする高利回りの証券にして売買する不動産担保証券の市場が形成され、株式や債券に続く市場として大きな地位を占めるようになると、停滞していた不動産市場は再び活性化し、一部で〝ミニバブル〟の再来とまでいわれる活況を呈するようになります。

不動産の証券化が汚染対策手法に与えた影響

こうした金融商品に転化させることのできる開発候補地には工場跡地が少なからず含まれており、汚染対策費を誰が負担するのかは、証券化された不動産の価値を評価する上できわめて重要な問題になりました。汚染の原因者である電子メーカーなど製造業寄りの行政に対して、米系不動産外資を中心とする不動産業界は、土地所有者ではなく汚染原因者に汚染処理の負担を負わせようとして利害が対立しました。

結果的には、法律に明文化された記述では汚染原因者に対する責任は追及を免れましたが、証券化された不動産を売買する観点から、汚染リスクを回避するための対策がとられるようになりました。実際の汚染処理において、不確実な汚染処理よりも、汚染された土を全部掘削し除去することで汚染原因を取り除く対策が中心を占めるようになりました。

土壌汚染に対する調査や対策に係わる企業で構成する「土壌環境センター」による調査では、受注した土壌汚染への調査や対策のおよそ八割が、法や条例によらない自主的な調査・対策で、その大半を掘削除去が占めます。困難な対策を施して完全に汚染が処理されたかどうかを調査するよりも、汚染の原因を丸ごと除去するほうが、後に不安が残りません。

東京都は豊洲地区の汚染対策を、土壌汚染対策法に定められた以上の対策と自画自賛していますが、通常の土地取引においては、そもそもの汚染原因を完全に除去する対策のほうが中心を占めているのです。掘削除去できないほどの深刻かつ大規模な汚染が蔓延している土地を敢えて購入し、自らの負担で対策を講じようとすることがいかに常軌を逸した行為であるかについては、東京都は堅く口を閉ざしています。

7　穴だらけの土壌汚染対策法

批判の多かった土壌汚染対策法は二〇〇九年（平成二一年）四月に改正され、調査対象範囲が拡大されるとともに、汚染地を区分けし、汚染原因者への負担にも途が開かれました。

旧法では、前述したように法の施行前に閉鎖された工場や事業所が汚染の調査対象から除外される骨抜き条項が付加されていたうえに、たとえ工場や事業所が廃止されたとしても、住宅など他の用途に転換しない限りは汚染調査をしなくてよいなど、汚染原因者に対する手厚い配慮が施されており、その実効性は非常に疑わしいものでした。対策も、費用のかかる掘削除去や原位置での浄化ではなく、汚染は残っても費用の面で比較的安価な表面を覆うだけの対策で良いとされていました。

結果として、土壌汚染対策法が施行された後に実施された汚染調査の大半は、旧法の対象外とされた土地で〝自主的に〟実施され、法の不備を証明する結果となりました。対策も、旧法で推奨された覆土ではなく、大半は掘削除去による汚染原因の撤去が行われ、ザル法であることが明らかになりました。

改正法では、三〇〇〇平米以上の面積の土地を改変する場合には届け出義務が課せられ、卸売市場のような公共施設を開設する場合には、法枠外の汚染調査と結果の公表が努力義務として課せられました。これは築地市場の豊洲移転問題を視野に入れて新たに付加された記述です。

移転候補地は「要措置区域」？

改正法では新たに汚染地の扱い方を、対策を要する土地「要措置区域」と、要らない土地に区分しました。対策を要する土地というのは、環境基準を超える汚染があって、人の健康に被害が及ぶ危険性がある土地を指します。築地市場の移転候補地とされる豊洲の東京ガス工場跡地はまさにこの「要措置区域」に該当します。健康被害についても、従来は地下水を飲用に利用するなど直接的な経口リスクばかりが重視されましたが、人が立ち入ることによって被害を受ける恐れがある場合についても対策が必要になりました。法の運用者と事業者を兼ねる知事の判断が注目されます。

しかし、改正法によって求められる対策は、相変わらず表面を覆うだけの対策が含まれており、実際の対策において大半を占める掘削除去や原位置での浄化は義務付けられていません。何よりも、調査や対策に関して、科学に求められる中立的な第三者による客観的な検証が行われない点では、未だに非科学的な時代錯誤の法律であるとの非難を逃れることはできないでしょう。

東京都は、豊洲の東京ガス工場跡地が土壌汚染対策法に定める「汚染地」、すなわち土壌が汚染されて対策が必要な土地であると認定されても、築地市場を移転させる計画を変えようとしません。それどころか不十分な対策で汚染を残し、対策を講じた後で必要な地下水のモニタリングについても、二年間のモニタリング期間を待たずに施設の工事を強行しようとしています。工事が完成した後で地下水に汚染が残っていることが判明しても、汚染対策を続けながら市場を開業しようとしているのです。どうしてわざわざ土壌が汚染された土地に生鮮食品を扱う市場を建設しようとするのか、東京都からは未だに筋の通った説明がなされていません。

8　東京都による調査の真相（専門家会議）

石原都政三期目を争う選挙では、築地市場の移転問題が主要な争点の一つとして注目を集め、石原都知事は専門家による再調査を公約しました。その結果設置されたのが、「豊洲新市場予定地における土壌汚染対策等に関する専門家会議」です。以下では略して「専門家会議」とします。専門家会議といってもメンバーは四名だけで、有害物質に関する研究者は座長の平田健正和歌山大学教授のみという構成です。不可解なことに、三名が関西（京都二名、和歌山一名）で、残り一名は筑波と、東京に居住して豊洲に調査に通えるメンバーは一人も入っていませんでした。

問題とされたのは、移転候補地豊洲の東京ガス工場跡地汚染問題を提起した日本環境学会に所属する研究者が排除され、一人もメンバーに入らなかったばかりか、日本環境学会の研究者たちには豊洲東京ガス工場跡地への立ち入りを許さず、東京都による調査の結果を検証したり再調査したりすることすらも頑として拒み続けていることです。

しかも、専門家会議が調査を終えた後の土壌標本さえも、東京都は開示を拒み、それどころか第三者による検証をさせないまま廃棄しようとしています。あたかも後ろめたいことがあるかのごとくで、証拠隠滅を疑われても仕方がありません。この標本の廃棄を差し止め、第三者による検証を求める訴訟（コアサンプル廃棄差止め訴訟）が起こされ、三年目となる二〇一一年三月現在もなお裁判が続いています。

重大な調査結果

専門家会議による最初の調査は、ごく形式的でおざなりなものでした。東京ガスの行った調査を大筋で妥当と認めた上で、一部分だけ、地下の調査に関して深さが不足しているとし、わずか一カ月という短い期間で早々に再調査を済ませてしまいました。

それでも調査の結果は重大なことを明らかにしています。地下水の調査は五六か所中、ほぼ半数に近い二五か所でベンゼン、シアン化合物、ヒ素、鉛が環境基準を超え、最高値はベンゼンで環境基準の一〇〇〇倍、シアン化合物で八〇倍などとなりました。地下の土壌調査では、二九地点のうち一〇地点でベンゼン、シアン化合物、ヒ素、鉛が環境基準を超え、最高値はベンゼンで一六〇〇倍もありました。気化した汚染を調査した表層ガス調査では、一八五地点のうち一一地点で基準値を超えるガスが検出されました。他にも油の汚染が発覚し、強力な発がん物質であるベンゾ（a）ピレンによる汚染も明らかになりました。

専門家会議による「詳細な調査」

前提が崩れてしまった専門家会議は、次に土壌汚染対策法に則した詳細な調査を行うことを決めました。しかし、調査対象とされた汚染物質はベンゼン、シアン化合物、ヒ素、鉛、水銀、六価クロム、カドミウムの七種類だけで、土壌汚染対策法に指定された二五種類の特定有害物質のうち、三分の一にも満たない物質しか調べませんでした。これでは故意に汚染が発覚しないよう、調査を手抜きしているのではないかと疑われても仕方がありません。同じ豊洲地区で東京ガス工場跡地に隣接する東京電力（二二種類）や旧石炭埠頭（一九種類）ではガス工場のような汚染を発生させていた施設がないのに、二〇種類前後の有害物質についてきちんと調査しています。

調査地点は四一二二地点とこれまでで最も多くなりましたが、工場操業当時の地盤面（マイナス五〇センチ）とされる地点の土壌と、東京都が「不透水層」だと主張する地層（有楽町層）と地表との中間点の地下水だけで、汚染が見つかった場合のみ、一メートル毎に標本を採取して（見つかった汚染物質だけ）再調査する限定的な調査でした。しかも、建物の下以外の地下水の汚染は環境基準の一〇倍以上だけを対象とし、その根拠として工場の排水に適用される基準を用いたと説明しました。

専門家会議は地下水に関して、環境基準を超える汚染であっても、一〇倍に満たなければさらなる調査を行わずに放置していたのです。この事実は東京都が選んだ〝専門家〟ですら、調査の始めから汚染を環境基準以下にできるとは想定していなかったことを疑わせます。

東京ガスが汚染の処理を行った後の、操業当時の地盤の地表に、汚染が見つかりにくいのはあたりまえのことです。その見つかりにくくなった地表面で汚染が発見されなければ、地下の土壌汚染は調査しないというのでは、地下に潜む土壌汚染を調べたとはとても言えません。地下水も水溶性の汚染しか見つけられません。

調査対象物質をたった七種類に絞った理由も、東京ガスの工場の操業に由来する汚染だけしか調べないというもので、そもそもどんな有害物質がどのくらい潜んでいるかを網羅的に調査することは、未だに行われていません。

日本環境学会に所属する専門家からは、広大な豊洲の地下で地下水がどう動くかを調べるには一年以上かかると指摘されています。専門家会議の詳細調査は、実質たったの三カ月ほどで調査を終えてしまいました。区画を分割してそれぞれに異なる調査会社に調査を依頼し、並行して調査を進めることで作業時間を短くしたのです。業者間で調査方法や判断基準にずれが生じ、調査の精度が落ちる危険を顧みず、結果を出すことを急ぐ選択をしたと見られています。

しかも、都議会の質疑の中では、東京都は民主党議員らの追及に対して「（豊洲の）地下水は移動しない」と大ウソをついています。環境省の定めるガイドラインにおいても、改正土壌汚染対策法の中でも、地下水に溶けたベンゼンは一〇〇〇メートルも拡散する可能性があることが明記されています。他の水溶性の汚染物質についてもそれぞれ拡散する危険性がある範囲についてガイドラインが明記されており、東京都は法に定められた基準すら無視して調査を手抜きすることを繰り返しているのです。

史上最大の汚染対策

二〇〇八年五月に報告された詳細調査の結果は衝撃的な結果となりました。土壌からは最高で環境基準の四万三〇〇〇倍のベンゼンが検出され、シアン化合物も検出限界の八六〇倍の汚染が発覚しました。地下水のベンゼン汚染は一万倍、シアン化合物は一三〇倍の高濃度汚染が見つかりました。とりわけ地下水の汚染はシアン化合物が調査地点の二三・四％から、ベンゼンは同一三・六％から検出され、地下水の汚染が広範囲に拡がっていることが明らかになりました。

すでに東京ガスがそれなりの調査と対策を実施していた表層土壌に対する汚染が比較的少なく検出されたのは、むしろ当然の結果ですが、地下水の汚染は移転候補地全体のほぼ四分の一に拡がっていました。詳しく調べれば調べるほど、より深刻な汚染が明らかになる繰り返しによって、東京都は自ら信頼性を損ねていったのです。

深刻な汚染が明らかになった調査結果を受けて、専門家会議は現在の地表から下二メートルの土をすべて取り替えるとともに、建物の地下に関しては地下水を環境基準以下にまで浄化することを対策として発表しました。対策費はこれまでの見積もりの二倍に膨れ上がり、約一三〇〇億円とこれまでに判明した土壌汚染に対する対策として最大になりました。

ブレ続ける「不透水層」

専門家会議の対策について、日本環境学会の畑前会長は以下のような問題点を指摘しています。

まず、対策を行う範囲について、東京都は地下に水を通さない地層（有楽町層――東京都は不透水層と呼ぶ）が十分な厚みを伴って均質に拡がっているとして、対策はその上までに限定しました。

ところが、東京都が開示したボーリング調査の柱状図からは、東京都が水を通さない粘土層だと主張している有楽町層に関して、より粒子が粗く水を通しやすいシルト層が中心で、しかも一部には水を通しやすい砂の層が混じっていることが判明しています。地下深くまで汚染対策を講ずると対策費用は莫大なものになる恐れがあります。地下に潜む汚染の発覚を防ぐためにも、汚染を透さない「不透水層」が均質に存在することにしたのは、東京都にとり非常に都合の良い状況と言えるでしょう。

しかし、東京都が開示した資料を丹念に調べていった結果、この〝不透水層〟の内部から汚染が見つかっていたことや、一部に〝不透水層〟の存在が確認できない地点があることなどが朝日新聞にスクープされるに至り、専門家会議の汚染対策もまた、その拠り所が崩れてしまいました。

その後の調査により、東京ガスが建設した工場施設の基礎工事として、豊洲には約一万八〇〇〇本もの杭が〝不透水層〟を貫いて地下深くにある強固な地盤まで打ち込まれていることも明らかになりました。一部には木の杭も含まれており、何十年も経た木の杭が腐食もせず穴を塞いでいるなどと考えることの方が困難です。東京都が〝不透水層〟としてきた地層は、巨大な剣山を逆さにして突き刺したような針の穴だらけだったのです。

この「水を通さない不透水層」を巡っては、東京都の説明は次第に崩れ表現も二転三転します。専門家会議の初め頃は「粘土」だと言い張っていたものが、途中からは「粘性土」に変わり、「不透水層」という表現も、資料によっては「難透水層」という表現を使ったりするようになりました。

〝絵に描いた餅〟の対策

次に、地下水の水位をAP（水位基準、Arakawa Peil）二メートルに管理するという対策の実現可能性が疑われています。

東京都が〝不透水層〟と主張する有楽町層という地層は、内陸に近い五街区ではAP二メートルより上まで達しており、逆にもともと海面下だった六街区や七街区ではAP二メートルよりはるか深い位置にあり、海に向かって傾斜している地層であることが判明しています。東京都が専門家会議に開示した資料によると、地下水の水位はこの有楽町層の勾配に似た傾きをしており、五街区では地表面近くAP五メートルほどの高さまで来ている一方で、六街区の海に面した地点ではほぼAP〇メートルまで低下しています。この傾斜を見て、豊洲地区の地下水が六街区の一部から海に流出している可能性を指摘する専門家もいます。

このような傾斜のある地下水の水位を均等な高さに保つことは、技術的にきわめて困難です。仮に旧地盤面から上の土を入れ替えたとしても、「毛細管現象」などによって汚染された地下水が上部に浸透し、盛り土が再汚染される危険性もあります。事実、二〇一〇年七月の朝日新聞報道によって、すでに盛り土されている表層土の一部が再汚染されている可能性が暴露されました。

また、建物の地下を止水矢板で囲い、建物の下だけ汚染を環境基準以下に下げ、外は一〇倍緩い排水基準以下に処理するという策も実現可能性が疑われています。止水矢板による遮水壁はあくまで一時的な効力しか持ちえず、隙間からの漏水や遮水壁の内外における水位差などによって汚染水が混ざってしまうことが指摘されています。

そもそも土に染み込んだ地下水を浄化するには、たっぷりと汚染水を含んだ土ごと処理しなければならず、ポンプなどによる汲み上げでは処理しきれません。専門家会議の平田健正座長自身も、地下水を環境基準以下にまで浄化することが事実上困難であると認めています。

工場操業時の地盤面から上二メートル分の土をすべて入れ替え、さらにその上に二・五メートルの土をかぶせるという対策について、豊洲の移転候補地があまりにも広大で、処理する土壌も搬入する土壌も膨大になり、物理的に処理が困難であることが指摘されています。処理を要する汚染土壌は一〇〇万立法メートルにも上り、大規模な産業廃棄物処分場を丸ごと一つ満杯にしてしまうほどの量になります。東京周辺の処分場にそんな受け入れ余地はありません。

結論として、これら専門家会議の対策はまさに絵に描いた餅そのものと言えるでしょう。

9　東京都による調査の真相（技術会議）

専門家会議は二〇〇八年七月、九月に予定されていた詳細調査の最終結果報告を待たずに、先に指摘された諸々の問題を抱えた〝画に描いた餅〟のような対策を記した報告書を作成し、解散してしまいました。この報告書は「（専門家会議の提唱する対策を完全に実施すれば）移転しても危険はない」とするもので、東京都はこの報告書を口実に、具体的な対策工事の内容を検討する「豊洲新市場予定地の土壌汚染対策工事に関する技術会議」を設置しました。以下、略して「技術会議」とします。

技術会議の座長はロボット工学を専門とする原島文雄東京電機大学教授で、土壌汚染問題に関しては専門外、まさに門外漢です。しかも他の六名の委員は非公開で誰だかもわからず、会議も非公開で進められる徹底した秘密主義が採られました。

わたしたちは専門家会議を傍聴してきました。専門家会議はリスクコミュニケーション（汚染の事実を前提としたうえで事業実施者と住民との情報交換意見交換を重視し、事業実施の是非を検討する開発手法)を図ろうとしていました。しかし、専門家会議は日本環境学会の専門家らによる追及によって、隠ぺいしてきた汚染が露呈してしまいました。そこで東京都は専門家会議を見限り、技術会議をたて、傍聴を許さない秘密会議に切り替えて移転の強行突破を図ろうとしたように見えました。

技術会議の本当の目的

技術会議の原島文雄座長は、翌二〇〇九年四月に首都大学東京の学長に就任。東京都との関係の深さを露わにします。会議終了後に明らかになった技術会議のメンバーは、七名中三名が東京都の職員やOBで、二人しかいない環境問題の専門家も、一人は東京都環境局の元職員でした。これではまるで東京都の意のままになる御用会議といっても過言ではありません。東京都の狙いが、費用が膨れ上がった専門家会議の対策を「なるべく安くしかも短期間に実施できる新技術工法」を選定することにあったことは明白です。

実際、技術会議が秘密会議の結果として〝報告〟した内容は、専門家会議の提言した方法とは異なる対策により、汚染対策費を専門家会議の見積もりより三八七億円も節減、工期も二カ月短縮できるというものでした。掘削除去するはずだった盛り土の部分は、汚染された土と清浄な土を分別し、汚染土は原位置で浄化することになりました。地下水はすべて環境基準以下にするとされ、建物の地下とそれ以外を区別することもなくなりました。これらの変更点は、専門家会議で提言された対策に対する、日本環境学会等からの批判に一部応える形になっています。

タテマエとして公表された趣旨とは裏腹に、問題の多かった専門家会議の対策を修正し、併せて費用や工期の節減を図ったのではないかというホンネが技術会議の結果から見てとれます。専門家会議が提言した対策の具体策を検討するために開設されたはずの技術会議は、いつの間にかその目的がすり替わっていたのです。

技術会議の対策の不十分性

しかし、技術会議の提言した対策にも、専門家たちから多くの批判が寄せられました。最も重要な問題は、専門家会議の実施した詳細調査で高濃度の汚染が広範囲に拡がっていることが明らかになったにもかかわらず、その汚染実態を正確に把握しようとしないことです。専門家会議の実施した詳細調査では、工場操業時の地盤面から環境基準を超える汚染が検出された場合か、地下水調査で基準を超える汚染が見つかった場合に限り、垂直方向に対して一メートル毎に汚染状況を調査しました。東京都が〝不透水層〟と主張してきた有楽町層の上部に達するまで調査したのは全体の一割強、四四一地点に過ぎません。

東京都が〝不透水層〟だからという理由で調査を行わずにいる有楽町層に関しても疑問があります。不連続な部分があることや、実際には水を透す地層であること、有楽町層の中にまで汚染が浸透していた個所が東京ガスの報告書から見つかっていたことなど、汚染が浸透している疑いを否定できません。

東京都と東京ガスとの土地売買契約書を開示請求して明らかになった基礎杭一万八〇〇〇本が残存する問題に加え、東京都が公共事業として豊洲に建設した新都市交通ゆりかもめ、道路、水道などのインフラ工事の過程でも、新たに有楽町層を貫く基礎工事が繰り返されています。東京都は自ら〝不透水層〟を破壊して、汚染を地下に浸透させる原因を作り続けてきたにもかかわらず、技術会議の報告では相変わらず有楽町層を〝不透水層〟だという仮定に基づいて調査と対策を講じているのです。

技術会議が新たに提言した汚染浄化の方法に関しても、石原知事が自画自賛したような新技術による成果ではなく、すでに東京ガスが対策を試みて、対策後の調査で汚染が目論見通りには処理されていなかった手法であることが明らかになりました。原位置で汚染を浄化するために技術会議が採用した手法は、微生物処理も加熱処理も洗浄処理も、すべて東京ガスが対策としてすでに試したものばかりです。

汚染された土を掘削除去する民間並みの対策をあきらめ、汚染を浄化してその土を再利用する方法に転換したことは、安上がりですが結果として汚染が残る危険性を、さらに高めてしまったと言えるでしょう。

10　世界に恥を晒した実証実験

東京都は、二〇一〇年一月に豊洲の新市場予定地（東京ガス工場跡地）のうち未購入地（全体の約三分の二、およそ二四ヘクタール）を買収する費用、一二八一億円を一〇年度予算に計上するために、議会を説得する目的で汚染を浄化する現地実証実験を行いました。期間は一月下旬から七月上旬まで、半年弱の実験です。

専門家からは、最低でも一年はかけないと実証実験にならないとの指摘もありました。三月末までに予算案を議会で承認させる狙いがあったのは明らかです。初めから無理なスケジュールで実験が進められました。内容はベンゼンの微生物処理、ベンゼン・シアン化合物・重金属を含む汚染土壌の洗浄処理、油汚染土壌の中温加熱処理、ベンゼン・シアン化合物・重金属を含む汚染地下水の揚水浄化処理の四種類です。最後の地下水処理以外は、東京ガスが試みて失敗したものばかりです。

実験を始めて二カ月もたたない三月一〇日に実験の中間報告が発表されました。この報告資料の中で東京都は実験の初期値を黒く塗りつぶした資料を開示し、元の値を隠したまま、結果として汚染は除去されたと主張しました。このあまりにも非常識な〝実験〟は、世界で最も権威のある科学雑誌『ネイチャー』のインターネット版に取り上げられ、全世界の科学者の晒し者にされてしまいました。科学と名のつく実験において初期値を隠すなどは論外です。中立な第三者による検証抜きには承認されない科学の分野でここまで稚拙な行為を繰り返す東京都の姿は、もはや異常としか形容することができません。

結論ありきの疑わしい実験

実験が終了した七月になって明らかにされたデータを検証して、驚くべきことが判明しました。中間報告で四万三〇〇〇倍の汚染が処理されたとされたベンゼンの実験初期値は四万三〇〇〇倍でなければならないのに、実は二・七倍を初期値としていることがわかったのです。

他の実験データも、当初高濃度の汚染が見つかった地点から採取したはずのサンプルなのに概して初期値が低く、サンプルの採取方法や実験の効果に疑問を抱かせるものが数多く含まれていました。ベンゼンの処理実験では、気化して減ったのか微生物が処理して減ったのかも定かでなく、重金属の処理では代表としてヒ素を取り上げていますが、水に溶けやすいヒ素と他の重金属を同列に扱うことには無理があるなど、東京都が強調してきた実験の成果とは裏腹に、きわめて効果の疑わしい実験ばかりだったことが露呈しました。地下水の揚水浄化実験も、水道水で薄めたために汚染が薄まっただけではないかと指摘されています。

これらの実験は、業務を委託する契約書に初めから「効果があることを証明する」ことが求められており、あらかじめ結論を決められた状態で行われた実験である疑いを持たれています。このような行為は実験とすら呼べません。実態がここまで明らかになっても、技術会議はこれらの実験結果をたった三〇分ほどの会議で承認し安全宣言をしてしまいました。

嘘がばれてはまた新たな嘘で表面を糊塗する繰り返しによって、東京都の説明は矛盾だらけになり、至るところで破綻を来たし始めています。それでも東京都は居直りを続け、問題点を指摘されたままの説明を繰り返しているのです。

11　残される問題点

液状化の可能性

これまで頑なに調査を拒んできた地下深くに潜む汚染について、豊洲は震度五強の地震で地盤が液状化（地盤の地下の一部が強度の地震の際、液体のように流動化し表層土をつきやぶって吹き上げること）することが東京都の調査から明らかになっています。技術会議はこの液状化対策についても、〝不透水層〟のタテマエを貫き、有楽町層の上部までと定めています。

しかし、情報開示請求で入手した東京都による液状化調査の報告書によれば、有楽町層や一部ではさらにその下の地層まで液状化する、という判定が下されていました。技術会議の採用した液状化対策を開発した会社に問い合わせたところ、この対策は液状化を起こす地層すべてに実施しないと意味がないことが明らかになりました。

地下深くに潜む汚染を調べようともせず、効果のない液状化対策を施しただけで、三〇年のうちに起る確率七〇％と言われる将来の直下型地震により液状化することがわかっている土地に、生鮮食品の市場を建設することに賛成できる人がいるでしょうか。

増え続ける汚染対策費

いままで健全土とされていた豊洲の土地表面の盛り土も、地下水による再汚染の疑いを指摘されています。搬入土への検査が手抜きされていたことも明らかになっています。盛り土については、新たに土壌汚染対策法に定める二五種類の汚染物質すべてについて汚染の実態を調査することになりました。これまでの手抜き調査に比べてどれだけきちんとした調査をするのか、予算や実施時期について、またその調査と結果について、引き続き厳しい監視が必要です。

盛り土の汚染を前提とすると技術会議の行った汚染対策費用ではとても足りません。これもまた契約条件通り買主である東京都が負担することになれば、東京都の財政はどんどん疲弊していくことになります。

未だ調べようとしない地下深くの汚染について、石原知事は調査もしないで移転を強行する方針を貫いてきました。専門家会議が提唱した対策費ですら、すでに土地購入費の半分に達しようとしています。汚染対策費が地価の半分にも達する土地に、経済的な利用価値はありません。民間の土地取引の慣行からは、〝ブラウンフィールド〟と呼ばれ、通常なら売買が成立しない深刻な汚染の潜む土地を購入したこと自体に、東京都の責任が問われる事態となりつつあります。この汚染対策費を値切ろうと設置した技術会議の対策も、すでにその不備が明らかになってしまいました。

新たに発覚した盛り土の汚染や、調査を避けてきた地下深くに潜む汚染の問題は、もはや避けては通れません。さらなる調査と対策を実施せずに移転を強行することはできないはずです。

この汚染対策費用は本来、汚染者であり、土地の所有者であった東京ガスの負担とすべきものです。しかし、土地購入契約書では瑕疵担保条項が削除されており、新たに発覚した汚染について、東京都は自らの判断で、契約書によって法的に保証する形で、東京ガスに対して汚染者負担を免除してしまっています。

新たに発覚する汚染の対策費は、契約条件によれば東京都が負担することとされています。東京都は新たに発覚する汚染に関して、次々と負担していくことになるのでしょうか。その最後の始末は東京都民が地方税増税により税金の形で負担させられることになりかねません。

隠そうとした汚染が露呈してしまった時点で、豊洲東京ガス工場跡地への築地市場移転は失敗したはずなのです。それでも強行の道を歩むことになれば、市場の勤労者、利用者の健康、東京都の財政など侵害される利益は甚大です。

5章　移転にからむ利権問題

1　ハコもの公共事業としての跡地再開発

どんなにウソやごまかしがばれても、いくら隠していた汚染が暴かれても、頑なに居直り推し進められる築地市場の移転問題には、一体どれだけの利権が隠されているのでしょうか。

過去に繰り返された移転騒動の陰で指摘されてきたのは、伝統的なハコもの公共事業としての跡地再開発問題です。高度成長期から続く成長神話の遺物は、未だに都心に残る公有地の再開発を狙ってうごめき続けています。東京には再開発ビジネスに集う業界で組織する日本プロジェクト産業協議会（ＪＡＰＩＣ）という産業横断型の巨大な民間組織が存在し、自作自演の巨大開発を行政に働きかけ、受注しては巨利を貪っています。一九八三年に設立されたこの団体は、ゼネコンや鉄鋼メーカーなど土建がらみの産業から、資金を提供する銀行や資材調達に関わる商社、開発案件の企画立案に関わるコンサルタント会社などおよそ一六〇社もの企業が結集しています。

このＪＡＰＩＣが設立された翌年の一九八四年には、早速、築地市場を都心の一等地に残る大規模開発用地として再開発する提案をしています。過去の移転騒動では、背後にこのＪＡＰＩＣの存在が取りざたされてきました。しかし、鈴木都政の晩年には、市場で働く業界の希望が通り、現在地で再整備することが決定され工事が着工されました。築地市場はＪＡＰＩＣによる再開発の野望から、辛くも逃れることができたかに見えました。

2　ハコものに代わる公共事業としての汚染処理ビジネス

バブルが崩壊し、都市の発展・拡張に伴う再開発という大義名分を喪失した建設業界が、ハコものに代わる公共事業として力を入れている新たな成長分野に、汚染処理ビジネスがあります。経済の国際化が進み、日本企業の工場が隣の中国などへ続々と移転してしまうと、跡地の再利用問題が大きな社会問題として提起されるようになりました。この工場跡地を住宅や商業地域へと再開発するには、工場操業時に排出されたさまざまな有害物質による汚染処理が最大の障害となりました。

工場跡地の土壌汚染問題を解決する土壌浄化ビジネスには、土壌や地下水の汚染調査、分析、汚染対策、対策後のモニタリングなどさまざまな新規事業が含まれます。この新事業分野に建設業界や環境装置メーカー、シンクタンクなどが結集して形成されたのが、「土壌環境センター」です。一九九一年頃から企業の参入が始まり、九二年には「土壌環境浄化フォーラム」という団体が形成され、今日の「土壌環境センター」へと発展します。現在の中心企業は清水建設で、ハコもの公共事業に行き詰った土建業界にとっては、生き残りを賭けた戦略分野といえるでしょう。

〝ブラウンフィールド〟としないために

築地市場の豊洲東京ガス工場跡地への移転を考える時、あまりにもわかりやすい利権の構図として、この土壌浄化ビジネスが登場します。業界を束ねる清水建設は、東京ガスが対策を実施した際、自社の処理プラントを用いて汚染土の浄化処理を行っていますし、新市場の民営化（ＰＦＩ）の委託先として、一時は築地市場内の業者に内々定の挨拶に動いていたこともありました。

〝ブラウンフィールド〟と呼ばれる問題があります。汚染対策費が大きくなり過ぎると商業的に見た土地の利用価値がなくなり、土地取引が行われなくなるという現象です。地価に対する汚染対策費の割合が二五％を超えるとブラウンフィールドとされます。

豊洲の新市場予定地は、技術会議が提唱した対策の費用が、土地購入予算の二五％に相当しています。〝はかったような〟認定限界ギリギリの汚染対策費になっています。専門家会議が提唱した対策によれば、対策費用は地価の半分近くに達してしまいます。それではもはや土地を購入する正当性を説明できない事態になるところでした。専門家会議の実施した詳細調査の結果を待たずに、専門家会議は突然解散させられました。

東京都の意向に忠実な技術会議にすり替えて、秘密会議の中で安上がりな対策を編み出したのです。その目的は汚染対策費の削減にあったのではないかとの疑問がおこります。

東京都は、日本環境学会の専門家たちから繰り返し指摘されても、頑なに地下深くの汚染調査を拒んでいます。七種類に限定した調査対象物質の範囲拡大を拒み続けるのは、これ以上新たな汚染が発覚して対策費がかさんでしまうことを避けようとしているとみられます。これ以上の汚染対策が必要となればブラウンフィールドとなり、東京都が土地を購入しにくくなるという事情があると考えられるのです。

不正な土地取引

東京都は豊洲東京ガス工場跡地を購入するにあたり、土地買契約書の中に瑕疵担保条項（対象不動産に想定外の問題が生じた場合に買主が売買契約を解除したり売主に損害賠償を求めることができるという、民法に定めのある事柄）を記載していません。後から発覚した汚染は東京都の負担で処理することとされているのです。

東京ガスの汚染対策は、地表近くで見つかった汚染は処理するものの、地下深くに汚染を残したまま、表面に土を盛って済ませる内容です。住民運動や朝日新聞による情報開示請求によって、東京ガスの報告書が明るみに出なかったら、汚染は「法に則って適正に」処理された前提で取引が完了します。そして、汚染地の上に新市場が完成した後汚染が発覚しようものならば、「食の安心安全」を大義名分にして、果てしのない汚染処理ビジネスに都民の血税が注ぎ込まれ続けるところでした。

東京都にとっては不幸なことに、私たち都民にとっては幸いなことに、この不正な土地取引は新市場を着工する前に発覚してしまいました。

本来であれば汚染者が負担するべき汚染対策費です。それを東京都が負担したことについては、石原知事はじめ都の幹部職員に責任があります。そこで石原知事はじめ五名の幹部に対して、購入してしまった土地についての汚染対策費（約一六〇〇億円）を損害賠償として支払えと求める訴訟が二〇一〇年四月に提起され、公判が続いています。

民営化されるはずだった新市場はいつの間にか東京都の直営に戻り、ＰＦＩを受注するはずだった民間企業はいなくなり、汚染処理費用を東京都が抱え込むこともはや困難になっています。汚染処理ビジネスの利権も頓挫した可能性が大きくなったといえるでしょう。

3　流通利権を推進する農林水産省

築地市場の移転問題には、もう一つ、別の巨大な利権が見え隠れします。規制緩和の名目で進められてきた、スーパーや全国チェーンの大手外食産業による中央卸売市場の私物化、加工物流センター化という問題です。全国の中央卸売市場は農林水産省の卸売市場整備基本計画に従って整備されており、五年ごとに改訂されるこの政策の中身を読み解いていくと、中小零細業者を中央卸売市場から排除して、「大企業の、大企業による、大企業のための加工物流センター」に造り替えようという方向性が見えてきます。

形ばかりの審議会

二〇一〇年一〇月、翌年度から始まる第九次卸売市場の整備基本方針を決める審議会が農林水産省で開催されました。今後五年間の卸売市場の整備方針を決める長期政策を審議するのにたった一日、正味九〇分ほどの説明と質疑応答だけで、農林水産省（総合食料局流通課）の用意した原案通りに承認されました。審議に参加した委員は一六人で、議長の味の素会長以下、財界からトヨタ自動車副会長、ローソン社長、ハウス食品会長、ホッピービバレッジ社長の五名と錚々たる顔ぶれが揃いました。

市場を利用する買い手側からは、ヤオコー顧問、美濃吉社長の二名が参加しています。生産者側、市場の卸からはマイファーム代表取締役、福岡大同青果社長、茨城中央園芸農協専務理事の三名、学識経験者として農業ジャーナリスト、青山学院大学教授、拓殖大学教授、丸紅経済研究所代表の四名、消費者側からは消費生活アドバイザーと主婦連合会会長の二名で一六名です。ここに、卸売市場の利害関係者にもかかわらず、水産業の生産者、市場の仲卸業者、町の魚屋さんや市場から仕入れる中小零細の飲食店の代表は入っていません。

本来、出席するはずの副大臣は「公務のため」遅刻して現れ、挨拶だけして「公務のため」早々に退席しました。まるで審議会は「公務」ではないかのごとくです。出席委員の名簿にはありませんが、この他に審議会のテーブルには農林水産省の官僚たちが席を連ね、官・財主導で官僚作文を追認するだけの、形ばかりの審議会と言っても過言ではありませんでした。

少数特定の大企業利益に寄与する「中央拠点市場」

新政策の目玉は、〝大産地〟から大量に集荷し、周辺の市場に効率的に分荷する「中央拠点市場」なる概念を新たに導入したことです。従来の中央卸売市場とは異なり、道州制をも視野に入れた複数県にまたがる広域の流通市場を束ねる拠点をイメージしています。

ところが、添付された資料を見ると、全国に七六ある中央卸売市場の大半は市営で規模もさほど大きくなく、都府県が開設する比較的大規模な中央卸売市場は日本国内に東京、大阪、奈良の三つしかありません。この中核拠点市場なる新概念にあてはまるのは、豊洲に計画されている新市場くらいです。しかし、豊洲に計画されている新市場のように首都圏（一都六県）を網羅するような都府県をまたがる広域市場の開設は本来、東京都の行政権限が及ぶ範囲を超えています。中央卸売市場がもともと指向してきた市場の姿とは、本質的に異なる別のものを無理やり持ち込んで「中央卸売市場」だと主張しているようにしか見えません。

　このような違和感のある市場の概念が導入された背景に、卸売市場を「流通の基幹的インフラ」と位置づける農水省の政策方針が、卸売市場法の定める本来の市場の姿と異なる別の何かに変質してしまったことが指摘されています。

　農水省の作文した卸売市場の整備基本方針に具体的にその名を明記された「顧客」は、大規模小売業者と外食産業等の広域チェーンだけです。この二つの業態の企業のために、いかに流通インフラを整備するかを延々と記述して、それを「卸売市場の整備方針」だと主張しているのです。まさに少数特定の大企業で構成する業界に対する利益供与そのものといえるでしょう。

4　米系金融業者のための規制緩和

法律に定められた本来の公設卸売市場には歴史の積み重ねがあります。

大正時代に「米騒動」が発生し、この食糧暴動の体験から重要な教訓が引き出されました。いままでの自律的な市場運営だけでは食料品の価格安定をはかれないということです。その反省から、食料品の価格安定を目的として制定された、消費者を守るいまの市場制度が作られました。行政が監視役として常に目を光らせます。その中で、生産者を守る卸と消費者を守る仲卸による価格を決める駆け引き、セリという仕組みが価格を安定させる機能を果たし、結果として消費者を守ってきました。

　しかし、スーパーマーケットという大規模小売店業システムが米国から導入されました。このシステムは行政に対する影響力を強めてきました。卸売市場の仕組みは少しずつ骨抜きにされてきたのです。

小泉改革以降の規制緩和により、日本独特のセリという仕組みが解体・縮小されています。卸売市場を米国型の商品取引所に似た市場と変貌させる〝改革〟が進んでいるのです。

水産物を金融・証券のシステムで扱う

株式や為替など金融・証券市場では、同一の業者に売り手と買い手の両方の役割を担わせる取引形態をとっています。この方式を食品を扱う市場に導入しようという試みが進んでいます。売りと買いを自分自身で行えることから不正な価格操作を行いやすく、価格が乱高下しやすい欠点をもっています。自身による売買で利ざやを稼ぐには、価格が大きく変動した方が旨みが大きくなるのです。値ざや稼ぎだけが目的になってしまい、顧客も生産者も置き去りにされて市場が暴走する事態も起きやすくなります。

取引を電子化し、直接商品を見て品定めすることなしに画面を見ながら売買することも可能になります。株券のように一日中画面を見ながら売買する市場というのは、規格化された商品が大量に供給される市場に適した形態です。水産物は産地や季節、鮮度など個体差があり、規格化された一律の売買には馴染まない商品です。この商品に株式や為替のような取引形態を導入しようとすることは間違いです。それは、魚食文化を持たぬ国から出てきた外資の圧力に屈したものとなるでしょう。

規制緩和によって、市場を経由せずに、小売業者が産地から直接買い付ける流れがひろがっています。市場でもセリを待たずに先着順で商品を買えるようになっています。卸がセリを通さずに直接販売することを可能にすることも進んでいます。セリで仕入れる仲卸業者の経営を圧迫する政策が進められ、仲卸業者は大幅にその数が減りつつあります。行政が政策として法律を変えて仲卸業者の経営を圧迫しているのです。

さらに負担の大きい移転を迫ることで廃業に追いやる……このことで築地の市場の地上げがすすむのです。これこそ行政による地上げ行為、「官製地上げ」と言えるでしょう。

5　不動産の証券化で復活した開発利権

石原都政二期目の二〇〇五年八月、石原知事は突如としてオリンピック招致を掲げ、それを口実にした開発と都市の伝統や文化的財産破壊に邁進し始めました。招致を理由にした文化遺産の破壊はIOCによって禁止されているにも関わらず、です。オリンピック招致計画の目玉とされたのが、市場移転後の築地に建設するとしたメディアセンターだったのです。

民間の資金で建設し、オリンピックで使用した後は売却されるという多目的の巨大なツインタワービルが描かれたオリンピック招致計画は、強い違和感を抱かせるものでした。都知事の発言記録をたどってみると、メディアセンター売却に関して「証券化」という手法が知事の口から漏れ出ていました。

この証券化とはなんだったのでしょうか。

マネーゲームの標的となった築地市場

バブル崩壊によって不動産価格が値下がりし、担保価値を失った売れない土地と借金が残った不良債権問題は、九〇年代の日本を「失われた一〇年」と呼ばせるほどに停滞させました。この売りたくても売れない不動産を売りやすくする仕組みとして米国から持ち込まれたのが、「証券化」という手法です。

開発した賃貸マンションや賃貸商業ビルからの家賃収入を配当として、不動産の権利証を株券や債権のように少額の有価証券として売買・流通させる不動産市場の流動化促進策は、一方で沈み切っていた不動産市場を活性化させ、不良債権問題を改善する効果を発揮しましたが、他方では再びミニバブルを発生させ、乱開発の引き金をも引いてしまいました。

最後には米国発の金融バブル崩壊となって、今日の世界的な経済停滞の元凶に繋がる禁断の果実でしたが、当時は都心部の地価を反転させ、束の間の局地的な好景気を生み出しました。

不動産の賃貸事業は、投資収益を八％程度に想定して賃料を設定します。建物本体は歳月の経過とともに老朽化し価値を減らしていきますから、その眼減り分を賃料で少しずつ回収していかなければならないのです。ゼロ金利で運用難に苦しんでいた国内金融機関にとっては、年間の利回りが悪くても四～五％にもなったこの不動産担保証券を争って購入し、配当収入を享受しました。地価が値上がりすれば元本の目減りも補えます。運用に苦しんでいた金融機関にとっては、まさしく〝干天の慈雨〟となる投資対象でした。

この不動産担保証券を取引所に上場して売買する新たな市場も誕生し、J-REIT（日本版不動産投資信託）と呼ばれる新市場に供給する〝商品〟の開発ラッシュが始まりました。小泉政権下、ゴールドマンサックスや破綻したリーマンブラザースによって火を付けられた都心の開発ブームは、築地市場を再び再開発候補地として注目させてしまったのです。

ところが、オリンピック招致イベントの最中にバブルは崩壊してしまいます。オリンピック招致ファイルの日本語版で華々しく掲げられていたメディアセンターの巨大ツインタワー構想は、翌年IOCに提出した英語版の招致ファイルでは、なぜか説明も無しに「低層ビル」へと計画変更されてしまいました。

今となっては夏の夜の夢のような追想に過ぎませんが、当時は米国政府の財政政策をも左右していた権力絶頂にあった金融外資に利権の標的として狙いを定められ、築地市場の命運はまさに風前の灯のような境遇に追い込まれていたのです。

6　東京都自身の開発利権

東京都は環境問題や汚染の監視役たる環境局、築地市場の開設者たる東京都中央卸売市場、湾岸・臨海地区の開発業者たる港湾局という三つの顔を持ちます。築地移転問題が複雑でわかりにくい要因の一つは、東京都が利害相反する三種類の立場を都合よく使い分けていることにあるといえるでしょう。

築地市場の跡地を再開発し、証券化の手法を用いて売却した場合に得られる利権としては、二兆円という数字が語られています。東京都にとって臨海開発の失敗という鈴木都政の時代から背負う負債を軽減するには、喉から手が出るほど欲しいお宝の財源です。

黒字会計と統合して五〇〇〇億を超える累積赤字を相殺し、帳簿上から見えなくしてしまったとはいえ、臨海開発は進出企業のあてが外れて土地が売れず、家賃も入らず、借金も返せない三重苦が続いています。自らも参加する第三セクターを進出させて企業の代わりとし、外郭団体を移転させて高い賃料を負担させ、それを補助金で補う自作自演の決算では借金を返せるあてもありません。

築地市場の移転候補地、豊洲地区は東京都が主導し東京電力と東京ガスの三者で区画整理事業を行っています。この区画整理の一環として、東京都は港湾局の保有する豊洲駅に近い好立地の土地と東京ガスの工場跡地を敢えてわざわざ換地（交換）し、港湾局の所有にした土地を中央卸売市場に買わせるという回りくどい手法で、市場会計のカネを港湾会計へ回そうとしています。

築地市場の売却代金をこの手法で港湾会計に注ぎ込み、借金返済原資に充てるとなれば、東京都自身も築地を売り飛ばして利益を貪ろうという利権組織になってしまいます。

市場の開設者という立場からは、東京都が豊洲の東京ガス工場跡地をわざわざ買って自ら汚染処理を施して市場を移転させるというのは、有害無益で、一見、あり得ない不条理な行為です。

しかし、開発業者という立場から東京都を眺めると、失敗した臨海開発の穴を埋めるべく、換金可能な優良資産たる築地市場を売り飛ばし、その代金を区画整理事業で換地した港湾会計の保有地購入に充てることは、赤字を補てんする行為として合理的な説明が成り立ちます。監視役の環境局としての立場は〝見て見ぬふり〟が精一杯というところでしょうか。この視点からは東京都が開発利権業者として振る舞っている様子がわかりやすく見て取れます。

築地移転をとりまく複雑怪奇な利権構造

魑魅魍魎《ちみもうりょう》の跳梁跋扈《ちょうりょうばっこ》する利権の世界は、メディアもなかなか報じてくれません。とりわけ行政自身が利権業者として不正の隠ぺいを行っている場合には、背後に潜む利権の構図を探り当てるのは至難の業です。わずかな手掛かりから、パズルを組みあげるように、背景にうごめく利権の構造を探り出すには、膨大な開示資料の山から干し草山に埋もれた針を探し出すような根気が要ります。公文書の開示には出費がかさみ、しかも相手の逃げ足は速く、滅多に証拠も残りません。

築地移転問題に取り組む過程で、その折々に必死で戦ってきた利権の数々は、しばしばシャドーボクシングをしているような錯覚に囚われるほど、正体を見定めることが難しいものばかりです。実行犯を演ずる行政だけを相手にしていても暖簾《のれん》に腕押し。命じられるままに行動している官僚たちとの不毛なやり取りに消耗していくだけでは移転は止まりません。

隠されている真実の断片を見つけること、その断片をつなぎ合わせて全体像を描き出すこと、そこから行政を陰で操る利権集団を特定し、名指しして非難していくと、いつの間にやら相手がいなくなっていたりします。

現在見えている利権業者は、開発利権業者としての東京都と、卸売市場を自身の加工集配センターとして私物化しようとしている大規模小売業と全国チェーンの外食産業です。しかし、まだ何が飛び出すか、予断を許しません。流通利権の陰には物流利権が見え隠れし、重層的に重なり合う複雑な利権の全容は容易に見切れません。

住民の財産を行政や私企業が食い物にする利権政治を変えるためにも、住民本位の地方自治を確立し、行政に頼らぬ住民自身の手による行政監視の仕組みを整えていくことが大切です。

6章　失われる日本の食文化

1　秘密研究会に見る業者への利益誘導行政

農林水産省の進める第九次卸売市場整備基本方針の策定に先立つ二〇〇九年秋、農水省内で政権交代を果たした民主党政権に、秘密裏に開始された研究会がありました。「卸売市場の将来方向に関する研究会」と題するこの研究会に集められたのは、一見すると卸売市場に関わる各業界の全国組織を代表する人々を網羅しているかのように見えましたが、委員一人ひとりの肩書や経歴を注意深く調べていくと、その過半数は東京都の築地市場に関わる業者や都庁の職員たちであることが明らかになりました。残る委員も市場の関係者とスーパーマーケット業界を中心とする流通業界の代表者や研究者ばかりで、生産者や消費者は置き去りにされた研究会でした。

一〇月一六日に開始された研究会は、二カ月後の一二月二四日までに六回を重ねる急ピッチで進められました。第一回の会議で配布された資料には、すでに第六回までの日程と議案、それに発言者が決められている用意周到な〃やらせ〃研究会であるばかりか、初回会合に提示された資料には、四月九日から進められてきた「卸売市場のあり方研究会」の中間とりまとめ（提言）が配布され、政権交代前から続けられてきた研究会の継続であることが明らかになりました。

元の会議を主導した高木勇樹委員長は、元農水次官で現役官僚には太刀打ちできぬ〝大物〟です。この〝高木提言〟は、将来目標として卸売市場法の廃止を提言し、生産者も消費者も置き去りに、流通業者の、流通業者による、流通業者のための（名ばかりの）市場を目指す、利権行政むき出しの提言を掲げていました。

偶然にも、この研究会は省内における秘密会議を禁止としていた民主党幹部に知られるところとなり、尻すぼみに終わりましたが、農水省が民主党政権に面従腹背しつつ、流通業者と深く結びついて便宜を図る政策を練っている姿を浮かび上がらせました。

日本の統治システムが、もはや官主導というよりも米国型の業者主導に傾きかけていることを疑わせるこの研究会の成果は、翌年の第九次卸売市場整備基本方針を審議する審議会の席上で、流通系の委員が次々に「昨年の研究会の成果を反映して頂き……」と謝辞を述べたことにより裏付けられました。

地価の高い都心に大規模な物流センターを建設することは、いかに巨大企業と言えども負担が大き過ぎます。スーパーや外食の流通各社がそれぞれ単独で物流センター建設を競うのは、お互いに疲弊して得策ではありません。業界共有の加工集配センターを行政に整備してもらい、共同で利用できれば、こんな都合のよいことはありません。卸売市場からセリを取り除き、これをそっくり転用すれば、まさに大手流通業者のためだけの〝加工集配センター〟としての卸売市場が出来上がります。

2　築地移転で私たちの生活の何が変わるのか

地域コミュニティの崩壊

卸売市場からセリと仲卸がなくなると何が起こるのかを検証してみると、私たちの食生活に直接、甚大な影響が生ずることがわかります。

仕入先を失う町の魚屋さん・八百屋さんは、もはや大規模スーパーと競うことが難しくなります。規模の小さい小売業では、全国の産地から独自に直接買い付けることは困難です。品揃えの面で圧倒的に不利になります。買い付けの量が限られるのでは、物流コストも買い付け価格も割高になります。するとと、町からは八百屋や魚屋が消えていき、スーパーとコンビニばかりが残ることになります。東京にいるとまだそれほど深刻な問題には見えませんが、すでに地方都市などでは、寂れ果ててシャッター通りと化した駅前商店街に代わり、幹線道路沿いのアウトレットに商圏が移動してしまった地域が少なくありません。

自動車を運転できない高齢者や若者は買い物をする途を断たれ、買い物難民と呼ばれる状況に追い込まれてしまいます。地域によっては、スーパーの進出で地場の中小小売店が淘汰されても、進出したスーパーの規模に見合う売上げに届かず、スーパーも撤退してしまい、車を運転する人であっても、遠くまで買い出しに行かねばならないという商店全滅の悲惨な事態も生じています。

消費者の立場に立てば、多種多様な小売業が競い合い切磋琢磨する状態が最も望ましい環境です。一方的に相手を潰して淘汰する潰し合い競争の果てに何も残らなかったでは、地域のコミュニティも生活の基盤も崩壊してしまいます。

規制緩和によって現出した不毛で殺伐とした弱肉強食の競争市場は、生活の質を置き去りにひたすら価格競争に明け暮れ、地域のコミュニティを破壊していきます。

大資本に買い叩かれる生産者

生産者にとっても、規制緩和による卸売市場の変容は大打撃です。委託と呼ばれる、市場を通して付けられた値から手数料を除いた額を受け取れる仕組みから、買参と呼ばれる、産地で仲買人に買い叩かれる仕組みが拡がっています。水産業では年収が三分の一程度になって後継者に継がせられず、漁村が壊滅の危機に追い込まれている地域が増えています。

スーパーや大手外食チェーンのような大資本と、中小零細の生産者が直に交渉しても力関係は圧倒的で、コストを無視した採算割れの価格で買い叩かれる、持続不可能な取引も横行するようになりました。巨大企業も中小零細業者も対等に競える公正公平な市場として機能してきた卸売市場は、効率重視の異質なシステムへと変貌しつつあります。

産地から消費者向けの店頭まで、大手スーパーや外食チェーンが支配するようになって流通過程が密室に閉ざされると、産地偽装など商品に対する信頼性に揺らぎが生じやすくなりました。後を絶たないウナギの産地偽装など、水産物の偽産地装は特に悪質性が際立ちます。この産地偽装の目立つ水産市場は買い付け集荷が七割を超え、市場の形骸化が最も進んでいます。青果は三割、食肉や花きに至っては一割にも達しません。まるで築地市場の移転に反対する水産仲卸だけが狙い撃ちにされ、市場の環境を破壊されているかのようです。

〝目利き〟の品質検査機能

逆に脂の乗った型の良いブリが揃う寒ブリのブランド「氷見ぶり」の産地偽装問題は、「氷見ぶりにしては型が細い」と見破った築地の仲卸業者が入荷数の多過ぎる産地の業者を特定し、偽装を摘発しました。

こうした厳しい品質検査機能は、値段の安さに重点を置くスーパーより、仲卸を通じた流通の方が信頼性が高くなります。築地の水産仲卸に中小零細業者が多いのは、多種多様な水産物の市場に対し、それぞれ得意分野に分業特化した、非常に専門性の高い業者が多いことも一因です。やみくもに業者数を減らすことを政策に掲げて統廃合を促したところで、扱う商品が異なるのでは統合するメリットも生じません。

魚食文化のない米国から入ってきた市場の制度や流通の仕組みを日本に無理やり当てはめようとすることは、日本固有の食文化を破壊することにほかなりません。スーパーや外食チェーンでしか魚が買えない地域を増やしても、消費者にとっては食生活の多様性を削り落とされ、選択の自由を奪われるだけです。また、産地偽装の横行によって、食品そのものへの信頼まで揺らいでしまいます。

3　世界に誇る食文化の象徴としての「築地」

二〇〇七年（平成一九年）一一月、欧州で最も定評のあるレストランガイド『ミシュラン』が初めて東京に進出しました。フランスに始まり、今や世界の九〇カ国を超える国々で出版され、一九三〇年代に開始された星の数でレストランを評価するその格付けは、伝統と実績において最も権威あるレストランガイドと言われています。結果は掲載された店の星の数の合計が一九一と、これまで最多だったパリの九七に比べて倍以上に達し、東京を世界一の美食の街として世界中に知れ渡らせることになりました。しかも、初版で調査したのは東京二三区のうち、都心部の八つの区だけでした。翌年以降、調査範囲を拡げた改訂版が出されるごとに店の数も星の数もさらに増え続けています。二位のパリや三位のニューヨークに比べても突出して星の数が多い背景には、都市の規模もさることながら、日本固有の和食の店に対する評価が高く、しかもそれらが寿司、天ぷら、鰻、ふぐなど高度に専門化・細分化されていることが指摘されています。

パリやミラノを旅した人ならだれでも気が付くことですが、その国に固有の料理を供するレストランといっても、フランス料理、イタリア料理、スペイン料理など、どれも和食に比べると極めて大雑把な分類・範疇でひとくくりにできる似たり寄ったりの店ばかりです。扱う食材や調理の手法ごとに特化した多種多様な専門店が、それぞれの分野ごとに競い合う食文化を備えている国は日本だけです。東京はそんな日本の食文化に、多種多様な他国の料理までも取り込んで、世界で最も多様性に富んだ洗練された食文化を築き上げているのです。

高度な食文化を支える築地

高度に専門化・細分化された飲食店が競い合う食文化は、築地市場の水産仲卸業者にも反映されています。築地市場は水産物の扱いが他の青果や食肉、花きに比べ突出して多く、魚食文化に秀でた日本の食文化を象徴する構造になっています。さらに水産仲卸はマグロやカジキを扱う大物、寿司ネタ

など高級魚だけを専門に扱う特殊物、エビ、カニ、タコ、半加工品を扱う合い物など、扱う水産物の種類によって専門の業者に分かれ、それぞれに〝業界〟を形成し互いに切磋琢磨しています。

目利きと呼ばれる専門家を生み出す背景には、洗練された多種多様な顧客の厳しい要望に応えなければならない東京の食文化の存在が見逃せません。

ミシュランによって東京の食文化に世界の注目が集まるようになると、築地市場は日本を訪れる他国の観光客があげる人気スポットとして、京都を抜いて第一位を占めるようになりました。早朝のセリを見学することはもちろん、築地市場に隣接する場外市場での飲食や買い物も観光客の人気を集めています。週末に近隣他県から行楽に来る人々の目的地としても、築地は脚光を浴びるようになりました。市場を取り巻く周辺の街並みを含めた築地というエリア全体が、世界最高の食文化を支える食材の供給基地を形成し、人々を魅了しているのです。

築地市場が銀座という都心の繁華街に隣接する一等地にあることは、食材を調理する板前さんやシェフの人々に、直接、食材を仕入れる機会を提供することにも繋がります。新鮮な食材の供給が担保されていることは、食材を生のままで食べる食文化を発達させ、傷みやすい内臓部分に至るまで様々に調理し堪能する手法を生み出しました。伝統的な江戸前寿司では、寿司ネタに火を通すものが多く含まれていましたが、鮮度を保つ流通や保管技術の進化によって、火を通さずに生のまま握る寿司が増えました。街の居酒屋や定食屋で普通に刺身が食べられるのも、こうした魚食文化の賜物です。高級な寿司ネタとして楽しまれるイクラやウニ、酒の肴に珍重されるアンコウの肝、鍋物に欠かせない白子など、魚介のあらゆる部位を余すところなく仕分けし食べ尽くす洗練された魚食文化は、世界に誇れる日本固有の魚食文化です。

江戸時代を通じて日本橋にあった魚河岸の伝統を受け継ぐ築地市場の水産仲卸の人々は、明治以降に官製市場となってから免許制が導入されたこともあり、外部からの参入を制限されてきたため、先祖代々仲卸を営んできた人が大半を占めます。老舗になると一六代目、一七代目など江戸中期から続く店も少なくありません。江戸の町人文化を現代に受け継ぐ人々が織りなす市場の営みは、それ自体が東京の文化的な財産にもなっています。

この築地市場を研究した米国ハーバード大学の教授で元米国都市人類学協会会長でもあるテオドル・ベスター氏が二〇〇四年に出版した大著『築地』は、米国の研究者から見た築地市場の姿を余すところなく描き出しています。米国の学会でもその内容に対する評価は高く、〇五年にはアメリカ人類学協会で東アジア部門の特別文献賞、翌〇六年には同経済人類学部門の最優秀賞を受賞しました。

他国の食通、旅行者、さらには専門家たちからも称賛されて止まない日本の文化的な財産である築地市場。この文化財を規制緩和やグローバリゼーションに名を借りた米国化の圧力によって、日本人自ら、しかも行政の権力をもって破壊することは、国を挙げた文化的な自殺行為とすら言えるのではないでしょうか。

COLUMN

コラム　築地移転をめぐる裁判

2011 年2月 17 日、築地市場の仲卸の人たちと消費者が、移転差し止めの裁判を起こしました。汚染された豊洲の土地を高額で買うのは間違っているというもので、1260 億円の公金支出差止訴訟です。

築地移転に関しては、すでに2件の裁判が起こっています。

第1は、汚染の証拠であるボーリングコアサンプルを捨ててはいけないという訴訟です。第2は、汚染の事実を知りながら土壌汚染がないものと評価した高い価額で土地を買い受けるのはおかしいという訴訟で、担当の幹部公務員（石原知事を含む）が東京都に損害を与えているので損害賠償せよと請求しています。

ボーリングコアサンプルを捨ててはいけないという訴訟では、移転先の汚染の証拠となるボーリング調査のサンプルの保存を求めています。汚染対策はこのサンプルの分析に基づいています。これが捨てられれば、汚染対策の効果があるか否か、調べることができなくなります。この訴訟では、汚染対策のずさんさが明らかになっています。

公務員が損害を賠償せよという訴訟と汚染土地買受をやめよという訴訟は、予定地の取得を巡る金額が問題となっています。東京都は豊洲の土地に汚染があるにもかかわらず、それを考慮しない価格で予定地のうち約３分の１をすでに買ってしまいました。残りの約３分の２の土地も 1260 億円で買おうとしています。

それはあまりにひどい。汚した人（会社）がきれいにしたうえで買うか、その人（会社）にきれいにする金額（560 億円かかるとされます）を負担してもらうかしなければ道理が通りません。

３つの裁判とも、豊洲の汚染が問題となっています。

朝早くから働く市場の仲卸業者の人たち、市場から出荷される鮮魚・青果食品を口にする消費者が原告となって取り組んでいます。苦労して入手したり学者たちの協力も得た研究によって、情報が集まりました。汚染の事実を感情論でなく科学の力で突き止めています。

築地で大切にしてきた新鮮でおいしい食べ物を大切にしようという貴重な努力、血と汗と涙の結晶を後世のために守ろうという心をこめた裁判です。自分たちの利益が問題ではありません。食物の安全が問題なのです。

これが一人でも多くの方に注目していただきたい原告の人たちの気持ちです。この思いは必ず裁判官の胸を揺さぶるはずです。

あとがき

田中宏治

都知事選挙を目前に、急遽、争点である築地市場の移転問題をわかりやすく解説した本を出したいとのお話を頂きました。急なことでしたので、かねて築地移転問題に取り組んできた市民運動の仲間たちから有志を募り、「築地移転を検証する会」として執筆にあたりました。本文は私、田中宏治が担当、資料収集やデータ収集などそれぞれに分担を決め短期間で出版にこぎつけました。

東京の食文化を象徴する築地市場を破壊して、軟弱な地盤でかつ、これまでこの国で見つかった土壌汚染地の中でも最大最悪の汚染地に敢えてわざわざ移転させる。このあまりにも常軌を逸した石原都知事の決断は私の理解を超え、汚染の原因者でありかつ土地の所有者であった東京ガスの負担するべき汚染処理費用を東京都が都民の税金から支出しようとする行為もまた常軌を逸するものに映りました。

築地市場の移転問題には常識ではあり得ないと思えることがあまりにも多く、なぜ、こんなことがまかり通っているのか、理解に苦しみました。築地市場を壊す目的で法律が歪められ、行政が都民の暮らしを破壊する目的で税金を濫費しているようにしか見えないのです。

グローバリゼーションの美名のもと、実態は日本の伝統的な仕組みを米国のそれに置き換えていくアメリカ化という「規制緩和」と、背後に見え隠れする利権の数々。小泉改革に端を発した破壊の波が築地にも押し寄せていることに気付いた時、様々な疑問が氷解していきました。

魚食文化を持たぬ米国の利権業者にしか思いつけない破壊がある。築地市場を護ることは、私たち日本人が育んできた食文化や街並みを護ることなのだと……。

(iv)　築地移転関連年表

2008 年	5 月	第 7 回専門家会議。地下水汚染ベンゼン 10000 倍、シアン化合物 130 倍、非科学的な土地改良対策の提示
	6 月	東京が 2016 年オリンピック 1 次選考通過
		都の環状 2 号線工事着手（測量）説明会。築地・月島・豊海で実施
	7 月	市場を考える会第4回デモ「東京大行進」開催。2000 人（以上）参加も朝日新聞 の「300 人」をはじめ矮小化報道が横行
		第 8 回専門家会議で追加調査（深度）結果報告と該当する条例や法案の見解
		大手メディアは「専門家会議が安全宣言」という“誤報”を配信
		第 9 回専門家会議提案書（案）で幕引きを図る。地下水調査データで捏造発覚
		「国内最大規模の汚染区域で対処に膨大な費用」との見解
		「メディアと東京都は真実を語れ」「報告書案は無効」の声明文
		「10 年後の東京」実行プログラム 2009 年（仮称）策定 と公開
	8 月	専門外の東大名誉教授を座長とする技術会議の設置と会議非公開化の発表
		8 月中に工法を募集と報道
		日本環境学会、築地市場の豊洲移転の凍結や土壌調査のやり直しを求める学会声明
	11 月	都、09 年度予算に移転関連費用の計上を見送り
	12 月	築地・水産大卸に対するゴールドマンサックスの株式買い占め発覚
2009 年	1 月	技術者会議汚染処理策発表。汚染除去費用を 586 億円に圧縮
		猛毒の発がん物質ベンゾ（a）ピレンによる高濃度の汚染隠ぺいが発覚（朝日報道）
		公表値の 115 倍の濃度の汚染が新たに発覚。専門家会議に知らせていなかったことも判明
		都が地下水汚染が拡散しない根拠としていた「不透水層」に存在を確認できない個所が発覚
		同時に不透水層内部からの汚染も発覚（朝日報道）
		豊洲の地下に杭 18000 本（“不透水層”を貫徹、穴だらけの不透水層であることが発覚）
	7 月	都議会議員選挙（民主党、移転反対を公約して大勝）
	8 月	汚染調査のボーリングコアサンプル廃棄差し止め訴訟
	9 月	衆議院選挙（政権交代実現）
		農水相、安全を確認できない限り移転を許可しないと明言
2010 年	1 月	汚染処理費用を（東京ガスではなく）都だけで負担することが発覚（朝日報道）
		汚染処理“実験”開始
	3 月	汚染処理実験の“中間報告”
		汚染処理実験での“データ隠し”発覚
		移転関連予算、付帯条件付きで議決
		既取得用地に対する汚染処理費用の返還を求める住民監査請求→訴訟（160 億円の賠償請求）
	7 月	参議院選挙、民主党惨敗
		豊洲の盛り土に汚染発覚（汚染土壌の搬入、検査の手抜き、地下水による再汚染の疑い）
		移転に反対する水産仲卸組合（東卸）が特定調停（事実上の経営破綻→偽装の疑い）
		技術会議の報告書
	10 月	石原知事、議会との約束を破り移転強行を宣言
	11 月	農水省第 9 次卸売市場整備基本方針
		財界主導、大規模小売店や全国チェーンを持つ外食産業向けの物流インフラ整備を前面に、新たな（豊洲新市場を想定した）「中核拠点市場」の導入を提唱
	12 月	東卸の総代選挙で移転反対派が過半数（2 年前も過半数）
2011 年	1 月	東卸の理事選挙で移転推進派と現在地再整備派が同数

2007年	2月	PFIに関する質疑応答など文書公開（この時期に専門家会議が「出すべき」データが決まっていた可能性大）
		東京都中央区、築地市場移転に断固反対する会を「新しい市場をつくる会」に
		招致委が「オリンピック・パラリンピック招致委員会」として名称を変えて成立
		日本環境学会シンポジウム「築地市場の豊洲移転問題を考える」
	3月	市場を考える会第2回移転反対デモ
		日本環境学会による現地視察で基準10000倍の地下水汚染（強アルカリ性）発覚
		PFI募集と選定を3ヶ月延期するというアナウンス（各業界団体からの新たな要望や空調熱源設備、地盤改良の追加を理由に。地下水問題には触れず）
		東京都知事選告示。築地問題と豊洲汚染が争点に
		東京ガスが2000年時点に豊洲移転に難色を示していたことが判明
		石原知事「古い、狭い、危険」を「古い、汚い、危ない」に
		豊洲の汚染について専門家を交えた会合を新たに立ち上げて汚染状況の再調査の必要性を検討約束
		2007年度予算。環状2号線築地横断地上化計画工事着手費用(測量・一部用地取得費)含む（築地市場を分断する幹線道路着工を予算化）
	4月	都知事選にて石原氏三選
		民主党川内博史衆議院議員、環境省と農林水産省を追及（附則3条）
	5月	豊洲汚染対策専門家会議開催公式アナウンス（都知事選での公約を受けて）
		第1回専門家会議開催（“専門家”が欠席や早退）
	6月	猪瀬直樹氏を副知事任命発表
		専門家会議の検証・提言を踏まえた上で改めてPFI計画を公表するというプレスリリース
		第2回専門家会議。都の対策を「評価する」という発言、75地点再調査決定
	7月	外国人特派員協会（FCCJ）で「市場を考える会」アピール
	8月	専門家会議中間報告
		豊洲汚染調査・追加調査業者を一般公開公募（クロスチェックなし）
	9月	環状2号線計画変更（地下案→地上案へ）、第178回都市計画審議会で不当採択（都市計画審議会では「その年の秋には専門家会議の提言が出る」として、築地市場移転を前提にした道路計画を強引に採決）
	10月	市場を考える会第3回移転反対デモ
		環状2号線に関する都市計画決定（告示）
		第4回専門家会議。ベンゼン1000倍報告
	11月	第5回専門家会議。ベンゼン1000倍報告を受け、3000箇所の追加調査方針
		都から国交省へ環状2号線事業認可申請
		豊洲新市場の総事業費4400億円、市場整備費990億円、基盤整備事業360億円、土壌汚染対策費670億円、土地取得費2370億円、その他10億円
	12月	仲卸業者への豊洲市場移転予定地の土壌汚染に関する説明会（都は同席を希望した有識者を排除）
		環状2号線地上化案、国交省の事業認可＝事業決定(告示)（わずか3ヶ月で認可）
2008年	1月	「汐留ビルディング」開業。汐留最後の大規模プロジェクト完了
	2月	新銀行東京に東京都400億円追加出資
	3月	豊洲実地見学会
	4月	新銀行東京3月期決算で1016億円の負債発覚
	5月	豊洲詳細調査により土壌から43000倍、地下水から1000倍のベンゼンと報道
		第6回専門家会議。追加調査結果で土壌ベンゼン43000倍、シアン化合物860倍、地下水も広域で汚染されていることを報告
		土壌汚染対策法改正案が参議院本会議で可決

(ii)　築地移転関連年表

2001年	4月	東京都卸売市場審議会答申で豊洲移転方針をアピール
	7月	築地市場再整備推進協議会。東京ガスと東京都が「豊洲地区開発整備に係る合意」(正式に地権者＝東京ガスとの合意)
	11月	東京ガスの汚染データ発表、ベンゼン1500倍
	12月	第7次東京都卸売市場整備計画で築地市場の豊洲地区移転を決定
2002年	4月	トーキョーワンダーサイト設立
		東京都中央卸売市場組織改編、豊洲移転へ大幅にシフト
	5月	土壌汚染対策法制定・交付
		※ここから翌年の施行の間に、豊洲を除外可能とする附則3条が東京都と環境省の間で「政策的に」付けられたことを民主党川内議員が付き止め、国会で質問
	6月	小山利夫新市場建設室担当部長「築地関連協総会」後の懇談会で「東京ガスは自主的な調査から（汚染土壌を）処理する段階に入った。一方、東京都環境局はこの7月にも環境確保条例を施行する予定で、東京ガスの用地もその対象になる」「東京都の指導要領に従って処理されることになりご安心をいただきたい」
	9月	「豊洲・晴海開発整備計画再改定案」豊洲地区に新市場の整備計画を織り込む
2003年	2月	土壌汚染対策法施行（豊洲への法の適用を除外する附則3条付加）
	4月	石原氏再選、竹花豊氏副知事任命。比留間氏「教育庁総務部長」就任
	5月	「豊洲新市場基本構想」策定
		東京都卸売市場審議会
		新市場建設協議会
2004年	2月	環状2号線の一部区間（晴海4丁目～築地5丁目）における道路構造形式を地下から地上へ変更
	4月	新銀行東京設立
	5月	築地市場移転に断固反対する会総会で、万が一都が移転を強行した場合に備えて移転後の築地地区のあり方を検討する「築地市場地区の画期とにぎわいビジョンづくり委員会」設置
	7月	「豊洲新市場基本計画」策定
2005年		当初の現地再整備計画での再整備完成予定の年
	1月	国交省「水際線施設の一体整備ガイドライン」
	3月	農水省の卸売市場整備計画で築地廃止を明記
		湾岸3セク「東京ファッションタウン」「タイム24」民事再生手続開始申立て
	4月	東京都卸売市場審議会の答申による東京都卸売市場整備基本方針
	7月	浜渦副知事、偽証のため辞任
	11月	第8次市場整備計画、平成24年豊洲開場の計画
		第8次案の一部変更
2006年	2月	東京都中央区矢田区長名での断固反対する会の質問書（都知事・大矢實市場長宛）
		質問書に対して東京都からの回答書受領
	3月	ゆりかもめ「市場前駅」開業（既成事実作り）
	5月	東京テレポートセンター・東京臨海副都心建設・竹芝地域開発民事再生手続申立て
	7月	比留間氏、中央卸売市場長就任
	10月	「市場を考える会」移転反対デモ
	11月	東京都卸売市場審議会で豊洲新市場の整備報告
		オリンピック招致委員会設立総会開催
	12月	「10年後の東京」計画を策定（オリンピック招致を目的とした開発計画である疑い）
		豊洲新市場整備等事業 PFI実施方針等に係る説明会開催（市場民営化に向け公募の説明)。PFIに関する実施方針と業務要求水準書（案）の公開、民間事業者へのPFI説明会（工法案や設計案が専門家会議の方針と同一）

築地移転関連年表

1935 年		築地市場開場
1986 年		築地市場再整備推進委員会設置
1988 年		築地市場再整備基本計画策定
1990 年		「築地市場再整備基本設計」の完成と東京都から築地市場現地再整備説明資料
1991 年		現地再整備着工、工期 12 年の計画
1992 年		バブル崩壊により都市博の参加取りやめ企業続出
1993 年	5 月	築地市場再整備起工祝賀会、鈴木都知事も列席し祝辞
1995 年		東京都の都市基盤整備と民間のプロジェクトにより、汐留貨物駅跡地の再開発がはじまる
	4 月	青島都知事就任、東京都市博中止決定
	11 月	東京都が突然、財政の逼迫を理由に再整備計画の見直しに言及
	12 月	東京都が臨海副都心の 5 か所の空き地を築地移転候補地として業界に提示
1996 年	1 月	番所宏育市場長、年頭会見で再整備事業の事実上の停止を示唆
		築地市場現地再整備が予算を 380 億円執行した段階(立体駐車場、冷蔵庫棟など完成)で工事中断
		築地市場再整備検討特別委員会、都の提示した 5 か所の候補地を否定し現在地再整備を確認
	4 月	第 6 次卸売市場整備基本方針
		健全な財政計画に基づき、工期の短縮、建設コストの縮減、流通環境の変化に対応した効率的で使いやすい市場へ見直し
	11 月	「第 6 次東京都卸売市場整備計画」に基づく現地(築地)再整備合意
		立体化とりやめ、比較的新しい施設の継続使用など決定
1997 年	10 月	新しい現在地再整備案を巡り業界同士が対立
	12 月	築地市場再整備開発特別委員会で「移転も視野に入れた検討必要」
1998 年	3 月	築地市場の再整備に関する要望(東京都中央区)
	6 月	東京都中央卸売市場長(宮城哲夫氏)名の「臨海部への築地市場移転可能性にかかる検討結果について(回答)」が通知される(豊洲移転計画が浮上)
	7 月	築地市場の再整備に関する確認(東京都中央区)
		業界内に移転論が再燃
	10 月	東卸(築地水産仲卸組合)で移転反対の理事長と移転推進理事長が再整備説明会で対立
	12 月	買出人団体連合会と東卸は現在地再整備、水産卸・買参・青果・関連事業の 4 団体は豊洲移転に
		東卸、全組合員の意向調査で現在地再整備 495(57%)、移転 376(43%)
1999 年	2 月	築地市場再整備推進協議会再開
	4 月	石原氏都知事就任
	9 月	石原氏、築地視察。「古い、汚い、危ない」などの誹謗
	11 月	築地市場再整備推進協議会において豊洲に移転すべきとの検討とりまとめ
		東京都中央区、築地市場再整備に関する抗議
		「築地市場移転に断固反対する会」署名 106,032 名提出
2000 年	1 月	大矢實市場長、年頭記者会見で東京ガスとの協議を進めていることを明らかに
	6 月	土地所有者の東京ガスが市場移転に難色を示す文書送付(土壌処理などを表明)
2001 年	1 月	東京ガス、都内 3 か所の工場跡地に関する土壌調査結果を公表。豊洲の土壌汚染が明らかに
	2 月	豊洲移転での東京ガスと東京都の基本合意

「築地移転を検証する会」とは

築地市場の移転問題には、それぞれ異なる背景を持つ大勢の人々が、互いに緩やかに繋がり協力し合いながら取り組んでいます。築地市場で働く人々を始めとして、日本環境学会のメンバーや都市計画、流通問題の研究者など学問的な専門を有する研究職の人々、建築家、ビジネスコンサルタント、工業デザイナーほか専門的な知見を有する実務家の人々、全国紙、週刊誌、月刊誌の記者たち、Webで繋がるフリージャーナリストやブロガーの人々、そして国会、都議会、区議会の議員たち。市民運動家からは、前回の都知事選挙で浅野候補を応援した勝手連からオリンピック招致問題を検証するグループや杉並区の市民オンブズマンなどが加わりました。行政訴訟には複数の弁護士事務所からそれぞれに異なる専門分野の弁護士たちも参加しています。
広範な分野から人々が自発的に参集し、互いに情報を持ち寄り分析し共有し、あらゆるチャンネルを通じて情報を発信し続けることで、強引に移転を推し進める石原都政と対峙してきました。今回の出版は、集団の知恵で集めた情報をもとに作業を進めましたが、文責は田中が担うこととさせていただきます。

築地移転を検証する会　連絡先
〒167-0051　東京都杉並区荻窪　5-18-15-204　田中宏治
Tel：03-3398-2090　　E-mail：MXA03271@nifty.ne.jp

検証・築地移転——汚染地でいいのか
2011年 3月30日　初版第1刷発行

編者 ——築地移転を検証する会
発行者 ——平田　勝
発行 ——花伝社
発売 ——共栄書房
〒101-0065　東京都千代田区西神田2-7-6 川合ビル
電話　03-3263-3813
FAX　03-3239-8272
E-mail　kadensha@muf.biglobe.ne.jp
URL　http://kadensha.net
振替 ——00140-6-59661
装幀 ——中濱健治
印刷・製本 –シナノ印刷株式会社

ISBN978-4-7634-0599-9 C0036